Faire le deuil de soi

NICOLAS MENET

FAIRE LE DEUIL DE SOI

Édition établie sous la direction d'Édouard Boulon-Cluzel

le cherche midi

Du même auteur

Start-up, arrêtons la mascarade, avec Benjamin Zimmer, Dunod, 2018
Construire la société de la longévité, Éditions Eyrolles, 2019
Le Grand Livre de la longévité (dir.), Éditions Eyrolles, 2019

Vous pouvez consulter notre catalogue général
et l'annonce de nos prochaines parutions sur notre site :
www.cherche-midi.com

92, avenue de France
75013 Paris

Conception graphique : Justine Dupré
Composition : Peter Vogelpoel
Dépôt légal : mars 2023
ISBN : 978-2-7491-7760-1

À toute ma famille, si fantasque, époustouflante et aimante.

Et surtout à toi, J., le seul, l'unique, le cordon,
le pilier, le socle, la fondation.
Tu sais que nous serons unis par-delà la mort.

« Est-il possible d'apprendre à mourir ? Oui, à condition de ne pas refuser la peur, d'être prêt [...] à se retourner pour voir l'avenir. L'avenir n'est pas devant nous mais derrière, dans les traces de nos pas sur le sol d'une montagne que l'on vient de gravir, des traces dans lesquelles ceux qui nous suivent et nous survivent liront ce qu'il ne nous est pas encore donné d'y voir. »

Delphine Horvilleur, *Vivre avec nos morts*

SOMMAIRE

NOTE DE L'ÉDITEUR

Nous l'avions connu comme directeur général de Silver Valley, la plateforme d'innovation dédiée à la longévité : imposant, charismatique et inspirant, Nicolas Menet irradiait une énergie positive et constructive qui fédérait autour de lui un écosystème d'acteurs tout aussi engagés, et leurs solutions ingénieuses au service de nos aînés, du bien-vieillir en France et, déjà, pour une prise en considération *réelle* du sujet de la fin de vie. Dans cette « vallée de cheveux d'argent », Nicolas, barbe de pâtre et buste droit, était un repère fort. Toujours soucieux de pédagogie, avide de rencontres et de brassage d'idées, il disséminait, de plateaux de télévision en salles de conférence, son prosélytisme souriant.

Ce sourire, il ne s'en départit pas quand, fin 2022, il accorda à un média en ligne une interview qui devait faire l'effet d'un coup de tonnerre dans sa communauté, et bien au-delà : à 43 ans, Nicolas Menet révélait être atteint d'un cancer cérébral incurable qui ne lui laissait que quelques mois à vivre. Et imposait, avec une brutalité et une injustice révoltantes, la notion de fin de vie dans sa jeune et prometteuse existence. Pourtant, confronté à ce qui avait tout l'air d'une tragique ironie du sort, Nicolas, oui, souriait. Déjà il avait laissé la détresse de côté pour se consacrer à un nouveau projet : faire don de son expérience intime à ses concitoyens pour faire avancer la cause à laquelle il avait consacré ses dernières années. Éditeur engagé de longue date sur ces questions[1], pas un instant nous n'avons hésité à le soutenir, puis à l'accompagner.

En tout point, ce livre est un miracle. Rien de divin là-dedans : juste la force et la volonté incommensurables d'un homme qui y a jeté tout ce qui lui restait d'énergie, et de grande intelligence. Avec l'exigence et la précision du sociologue qu'il est, usant, pour pallier ses handicaps, d'outils de transcription de pointe, mêlant les styles, les temporalités et les focalisations, Nicolas Menet nous offre une expérience totalement inédite, et dont on ressort avec une absolue envie de VIVRE.

Pour des raisons évidentes, rarement, dans un ouvrage, un point final n'aura eu une telle portée symbolique. Mais alors que, au moment où son texte part en impression, Nicolas a fait son entrée à l'hôpital – ce qui va signifier pour lui, dans les prochains jours, et conformément à sa volonté, l'engagement d'une procédure de « sédation profonde et continue jusqu'au décès » –, il nous appartient collectivement, reconnaissants dans la leçon qu'il nous livre ici, de faire en sorte que, dès demain, son point final ait, dans nos vies comme dans nos lois, valeur de point de départ.

---

1. *Six mois à vivre*, par Marie Deroubaix (2012), notamment.

AVANT-PROPOS

2023. Dans un pays en pleine mutation existentielle, nous, Français, ne savons plus très bien collectivement où nous allons, ce qu'il faut penser, comprendre du monde qui vient. Outre les inégalités sociales, on constate une forte disparité en termes de solidarité, et surtout l'émergence d'un communautarisme qui n'est pas que religieux. Toutes sortes de revendications viennent nourrir le débat public ; chaque particularisme individuel entend avoir voix au chapitre : « Je veux pouvoir pratiquer ma religion, partout et à tout moment », « Mon orientation sexuelle doit être comprise et acceptée de tous », « Ma différence physique doit être reconnue », « Le monde et la société doivent s'adapter à moi »... La notion de collectif s'effrite au profit des singularités et des systèmes de valeurs propres.

Ces multiples tensions sur le plan idéologique de la société, renforcées par l'extrême puissance des réseaux sociaux et de leurs algorithmes qui créent des bulles infinitaires, ne facilitent pas la maturité des débats pour des sujets aussi fondamentaux que la mort.

Dans sa cruelle vérité logistique, pratique, triste, la mort est en effet absente de notre quotidien, sauf à l'état fictionnel.

Paradoxalement, dans les milliers d'images et d'informations que nous ingurgitons chaque jour, sa sur-présence la met plus encore à distance. Dans le même temps, les incroyables progrès de la médecine de ces dernières décennies nous permettent de vivre de plus en plus vieux en bonne santé, et de rendre de plus en plus supportables des maladies graves et de longue durée.

Depuis trop longtemps, l'accompagnement vers la mort, la confrontation avec elle sont restés cantonnés aux hôpitaux, aux maisons de retraite ou, plus largement, au monde du très grand âge où *il est naturel de mourir*, c'est-à-dire dans des lieux clos, à l'écart de la société, et réservés à une partie infime de la population. Près de mille six cents personnes décèdent pourtant chaque jour en France, toutes causes confondues, et ce sont autant de familles endeuillées, de cérémonies d'obsèques, de crémations et d'inhumations qui ont lieu dans le même temps.

Les transformations sociétales profondes qui ont accompagné le progrès, l'accroissement du nombre de cancers, de maladies chroniques et épidémiques, l'obésité, les troubles psychiques… contribuent à bouleverser l'ordre des choses. Si l'âge moyen de la mort en France est de 80 ans, l'espérance de vie en bonne santé n'est que de 65 ans environ. En ce qui concerne le cancer, on a diagnostiqué dans le monde en 2020 plus de 19 millions de nouveaux cas, et constaté 10 millions de décès. La mort est donc protéiforme et touche des générations nouvelles pour lesquelles elle est une abstraction totale et qui ne sont préparées ni à leur propre disparition ni à celle des autres.

J'en sais quelque chose. À 43 ans, je suis issu de cette société d'abondance, de confort et de consommation. Moi-même, je n'avais jamais été confronté à la mort ni à la maladie quand, en février 2022, on m'a diagnostiqué un glioblastome de type 4. Une tumeur cérébrale qui m'a valu de subir un parcours de soins intensifs, bien que je sois parfaitement conscient du sort qu'elle me réserve : mon cancer est mortel dans 95 % des cas.

En collaboration avec mes proches, ma famille et le corps médical, j'ai choisi d'envisager ma mort comme un « ultime » projet. Il m'a fallu inventer des stratégies, suivre un parcours initiatique ardu pour aborder la fin de ma vie de façon sereine, en accord avec moi-même et ce que la société me propose aujourd'hui en termes de soins palliatifs et de choix individuels.

Ce parcours atypique, j'ai eu l'occasion de m'en ouvrir en novembre 2022 au média *Konbini*, dans le cadre d'une interview face caméra dont le succès m'a surpris et ému, puisqu'elle a été vue plus de trois millions de fois. Dans cette vidéo, outre un court moment sur mon histoire personnelle, je développais essentiellement deux concepts qui me sont apparus fondamentaux au cours des derniers mois : premièrement, comment arriver à faire le *deuil de soi-même* dans le cadre de maladies chroniques et longues ; deuxièmement, comment concevoir son *projet de fin de vie* pour réussir à s'approprier un futur tronqué tout en apaisant ses proches malgré une issue toujours sombre. Par ailleurs, ayant toujours rêvé d'être député, j'amorçais aussi quelques propositions pour amender les lois existantes, améliorer la prise en charge palliative et permettre à chacun de conserver sa *souveraineté* jusqu'à la fin de la vie. Selon moi, il n'y a pas de raison que, dans une société aussi libre que la nôtre, nous ne puissions pas accéder à nos propres choix jusque dans les derniers instants.

C'est sur ce même modèle que j'ai envisagé mon travail d'écriture.

Auteur de trois précédents ouvrages, je sais la valeur d'un livre, l'impact et la pérennité qu'il confère aux messages qu'il contient. Celui-ci, mon quatrième, est à bien des égards particulier. Au-delà de la relation de mon expérience personnelle, intime et intense, je souhaite, dans la continuité d'une carrière de vingt ans au service de l'innovation et du progrès, livrer une proposition sociétale, avec l'ambition d'interroger tant les citoyens que les professionnels de santé et les pouvoirs publics. Alors que la rationalité médicale et pharmaceutique permet désormais d'anticiper les souffrances et les étapes de la fin de vie, quel sens peut-on aujourd'hui donner à la mort ?

À l'heure où le gouvernement s'apprête à rédiger une loi sur le grand âge et la fin de vie, où les partisans des soins palliatifs et ceux du suicide assisté débattent sous l'œil suspicieux des responsables religieux, où 96 % des Français sont favorables à l'euthanasie[2], la société négocie un virage anthropologique majeur dans l'histoire de l'humanité.

Demeure cette question : sommes-nous devenus des meurtriers ou, au contraire, de véritables mammifères supérieurs ?

2. Ipsos, 2019.

PROLOGUE

Vendredi 2 juillet 2021,
orgue de la paroisse Saint-Martin d'Oullins (Rhône)
L'été précédent…

Voilà le pédalier inférieur couplé avec le clavier de grand chœur et celui de récit. Tirants de Bourdon et Prestant activés. J'ajoute le Bourdon de 16 pieds pour renforcer les basses, ne mets pas le jeu de voix céleste – il donnerait une coloration trop mystique à la cérémonie. Je n'actionne pas non plus les mixtures qui lui conféreraient un aspect trop solennel.

C'est parti. On attaque par la basse de *fa*, pointe pied gauche, pour enchaîner sur la basse de *do*, pointe pied droit. Attention à l'attaque de la croche, il faut anticiper le mouvement pointe talon du pied gauche.

La puissance sonore me paraît un peu importante, qui plus est avec une assemblée et son chantre positionnés aussi loin de moi. Je ne les aperçois que par l'intermédiaire du petit miroir de la tribune de ce grand orgue.

Ce sont les funérailles de Joseph, 89 ans.

Joseph était mon beau-père, et j'ai accepté avec plaisir d'accompagner sa messe d'adieu.

Il était entré à l'hôpital il n'y a pas si longtemps à la suite d'une mauvaise chute. On lui a découvert un cancer généralisé qu'il n'a jamais senti. Il était totalement impossible de le soigner.

Joseph l'a compris immédiatement lors du diagnostic. En un éclair, il a réalisé que c'était la fin de sa vie. Il a tout de suite exprimé à sa femme et à ses fils sa volonté d'en finir le plus rapidement et sereinement possible, d'échapper à toute forme d'acharnement. Il a simplement dit : « Qu'on me laisse tranquille. » Cette supplique, il l'a réitérée à plusieurs reprises, faisant en sorte que les médecins et les chefs de service l'entendent bien. Il voulait faire ce *cadeau* à sa famille de ne pas s'éterniser dans un environnement de soins très lourd.

Pourtant, Joseph avait vraiment peur de la mort. Pour être bien certain que son choix soit compris et entendu, il a obstinément refusé de s'alimenter pendant plusieurs semaines, jusqu'à s'en trouver tellement faible qu'une sédation a été envisagée. Il avait choisi de terminer sa vie par un acte de courage et de générosité envers toute sa famille. Il avait choisi, aussi, comme il l'avait toujours fait, de déterminer *par lui-même* le lieu et la façon dont il partirait.

Avec cette cérémonie d'obsèques toute simple, épurée et recueillie, nous avons réussi à lui rendre un bel hommage.

Prologue

Vite ! J'actionne la pédale d'expression pour adoucir la puissance sonore et me mettre un peu en retrait. Le psaume funèbre chanté va bientôt débuter. Étant donné l'acoustique de cette église, il faut sans tarder que j'actionne un tirant d'anche, autrement le chanteur ne pourra jamais récupérer la note pour entraîner l'assemblée des endeuillés qui entonne alors :

Sur le seuil de sa maison
Notre Père t'attend
Et les bras de Dieu
S'ouvriront pour toi…

PARTIE I

LE DEUIL DE SOI-MÊME

Apprendre à basculer

Jeudi 18 novembre 2021, Paris, porte d'Ivry

Il fait plutôt frais ce jeudi. Sur mon vélo, je suis assez énervé, comme d'habitude. Toutes ces motos, ces voitures, ce bruit m'insupportent. Je remarque que ce matin, j'y suis plus particulièrement sensible. Je ressens quelque chose d'inhabituel, mais rien de plus qu'un agacement redoublé.

Je vais bientôt arriver à la porte d'Ivry. Je suis fatigué. J'ai encore travaillé assez tard hier soir. Engagé auprès d'une candidate à l'élection présidentielle, j'ai intégré il y a peu son équipe de campagne, qui m'a demandé, dans un délai très court, de rédiger quelques notes sur mon champ d'expertise en tant que sociologue : la transition démographique des sociétés occidentales. 30 % de la population française étant aujourd'hui âgée de plus de 60 ans, cela représente une véritable manne électorale pour cette candidate à laquelle je crois beaucoup – même si le verdict des urnes me donnera largement tort.

En parallèle, voilà plusieurs semaines que j'essaie par tous les moyens de pouvoir me présenter aux élections législatives. Or, pour espérer être investi, c'est un énorme boulot. De réseau, de conviction et d'observation.

Ce matin, je vais rencontrer cette candidate potentielle qui me semble être la dernière à pouvoir être désignée à ma place dans ce petit canton rural de l'Ardèche. Ma fatigue est telle que j'en suis à mon quatrième café quand elle me rejoint dans le bistrot. Je la trouve sympa, drôle, on parle de politique rurale, elle est maire d'un petit village. C'est alors qu'elle m'annonce que, tout compte fait, elle ne se présentera pas aux élections : ses deux enfants sont trop jeunes et son mari est trop souvent absent ; elle ne peut pas, en plus, se permettre d'être à Paris trois jours par semaine.

Pour ces élections, le parti voulait particulièrement mettre en avant son souci de parité. Je comprends donc que, pour moi, la voie se dégage. Après des années de travail et d'observation de la vie politique locale, je ressens comme un choc. Je réalise que, grâce au retrait de cette candidate, mon désir de participer à ces élections peut devenir réalité, que le rêve que je caresse depuis de nombreuses années devient possible : entrer en politique et faire campagne.

À ce moment précis, une douleur sur le côté droit de ma tête se fait sentir. Ma vue se trouble, je me sens en dehors de moi-même, comme si une énorme détonation s'était produite. C'est seulement en sortant du café que je me rends compte que quelque chose d'anormal se passe dans mon corps.

Je ne mesure pas alors que ce moment va changer ma vie, à tout jamais. Qu'il est la première porte qui vient de s'ouvrir vers la mort annoncée.

Je décide d'ignorer ce malaise et retourne au bureau où je me mets à vomir violemment, par jets, signe d'un AVC. Je m'effondre sur le canapé et mes collègues m'implorent de rentrer chez moi.

Je me réveillerai deux jours plus tard en réanimation neurochirurgicale, après être resté quarante-huit heures dans le coma. J'ignore toujours que ces événements constituent le début d'une chute vertigineuse qui va faire de moi une autre personne. Que ma vie ne ressemblera plus jamais à l'idée que je m'en étais faite.

À 42 ans, ayant grandi dans le confort absolu d'une société d'abondance et de sécurité, éloigné de la maladie et de la mort, je n'ai, comme des millions de personnes de ma génération, aucune conscience que la vie ne tient qu'à un fil. J'ai l'impression que je suis inébranlable et éternel, comme habité par un sentiment de toute-puissance qui se révélera être si faux que la totalité de mes croyances en seront ébranlées, et que tout mon être devra se reprogrammer à l'aune de cette nouvelle donne.

Samedi 20 novembre 2021, hôpital Lariboisière, service de réanimation neurochirurgicale

Autour de moi, beaucoup de bruits et de mouvements. Une cacophonie de bips, d'alarmes et de portes qui claquent. La peau de mes bras me tire et mon corps est empêché, comme prisonnier d'une camisole de seringues, de pansements, de tubes et de tuyaux. Des gens me parlent que je ne reconnais pas. Derrière une fenêtre blindée, un petit clown joue du tambour dans une courette immonde pleine de détritus de SDF et de crasse de pigeons. Il émet un rire sarcastique et glaçant en voyant ma mère me donner de la compote à la petite cuillère. Deux autres femmes sont penchées sur moi ; je ne discerne que leur visage tendu. Ce sont mes sœurs. Le clown continue de rire de moi. Cette fois, il est dans un tableau et il y a des fleurs mortes à côté de lui. Il porte un chapeau de magicien avec des plis. Bizarre, cette odeur de soufre et de terre… Serait-on dans le métro ? Je ne comprends plus ce qui se passe, tout se mélange. La pompe à morphine vient de se mettre en route. Que s'est-il passé ? Que *va-t-il* se passer ?

Je m'endors, pour plusieurs heures encore.

C'est le matin, je crois. Il fait froid et l'odeur d'hôpital et de métro mêlés est de plus en plus prégnante. Un infirmier à l'air sévère est là. Il me demande de faire ma toilette à l'eau froide, car je suis suffisamment autonome pour pouvoir me laver seul. Je suis devenu un patient, un *objet* de l'institution hospitalière : réveil à 6 heures, petit déjeuner à 8 heures, déjeuner à midi, dîner à 18 heures, prise de tension et de température cinq fois par jour. Pendant près d'une semaine, visites, repas, toilettes, urinoir et soins se succèdent dans une parenthèse hors du monde où je suis déconnecté de tout. Un univers à part.

Je reprends vie petit à petit et, surtout, j'apprends à ne plus être moi-même, à devenir cet objet de soins, partie prenante de l'institution qui me soigne, cherche à me guérir et à me sauver la vie.

Je vais être transféré en soins intensifs. Je ne sais encore pas ce que c'est. Je ne sais d'ailleurs toujours pas ce que j'ai, mais je suis en train de réaliser que mon destin va m'échapper définitivement. Cela passe d'abord par une dépersonnalisation orchestrée par l'institution hospitalière, puis par une accumulation de frustrations dont je n'ai pas du tout l'habitude, moi citoyen choyé par la société de consommation qui ne m'a pas du tout préparé à rompre avec ma liberté individuelle. Je ne suis pas du tout armé pour vivre une telle histoire.

Vendredi 26 novembre 2021, service de soins intensifs

En comparaison du service de réanimation, j'ai l'impression d'être dans un bel hôtel. Une petite chambre moins médicalisée, un accueil très sympathique de la cadre de santé et de son aide-soignant. C'est la première fois depuis une semaine que je vois l'extérieur. Mes bras bleuis par les cathéters résument à eux seuls la violence de ce premier épisode d'une série qui va s'avérer beaucoup plus dure que ce à quoi je m'attends à ce moment précis.

Un premier diagnostic a été posé. Il s'agirait d'un AVC hémorragique sur base d'hypertension artérielle. Toutefois, on ne peut pas en dire plus. Il y a trop de sang dans le cerveau et l'hématome empêche les IRM d'en dévoiler le détail. On ne sait donc pas du tout ce qu'il y a réellement. Il pourrait aussi bien s'agir d'une malformation cérébrale, comme on croit le déceler sur la première scintigraphie qui a été faite en urgence.

Indépendamment des moments forts en humanité que réserve l'accompagnement des malades, je suis au cœur de l'hôpital et de ses dysfonctionnements. Le moindre grain de sable dans les rouages cause des problèmes insolubles et absurdes. Un petit déjeuner pris trop tard et c'est un déjeuner qui n'est pas servi. La direction des achats a prévu une seule couverture par patient? Même si la température des chambres va baisser durant la nuit et que de l'air glacé passe au travers de la fenêtre vétuste, il n'est pas possible qu'un patient dispose de deux couvertures. Et si le médecin n'a pas signé l'autorisation de transfert, alors il faudra une journée pour monter un lit à l'étage supérieur. D'ailleurs, les lits prévus par l'Institution ne permettent pas de mesurer plus d'un mètre quatre-vingts. Aussi celle-ci attend-elle de moi que je sois positionné sur le dos et non pas sur le côté.

La multiplication des procédures permet à cette énorme machine de fonctionner de la façon la plus optimale possible : si chaque patient demande de nombreux soins, chacun est aussi, à lui seul, un ensemble colossal de documents administratifs et de reporting à faire quotidiennement. J'observe ainsi que la pyramide hiérarchique est extrêmement importante dans le fonctionnement de l'hôpital, une forme d'organisation « tayloriste » impeccable où, comme dans un corps humain à la fois tenace et fragile, chacun sait exactement ce qu'il a à faire, quand et dans quelles circonstances. Si je ne ressens pas le manque cruel de personnel, car je suis dans un grand hôpital parisien et singulièrement dans un service dit de « soins vitaux », je perçois à plusieurs moments la tension de soignants qui ne peuvent pas faire leur travail comme ils le souhaiteraient : une infirmière non-cadre ne peut pas prescrire ce qu'elle veut, même si le patient est en détresse pendant la nuit ; un aide-soignant n'est pas habilité à aider le malade alité à prendre ses affaires car il n'a pas le droit de toucher son sac. De toute évidence, la multiplication des procédures nécessiterait un échelon décisionnaire supplémentaire entre le médecin et les cadres infirmiers.

Pour faire des économies, l'hôpital s'est fourni en thermomètres et en tensiomètres chez un fabricant chinois. Le matériel est de mauvaise qualité et la batterie ne tient pas pour toute la tournée de l'étage, obligeant les infirmières et les aides-soignantes à se partager des thermomètres entre les différents services. La tour de contrôle des constantes pour les patients a été changée il y a peu, si bien qu'il faut monter au sixième étage pour espérer trouver une infirmière ayant été formée sur ce nouveau matériel. Tout repose donc sur l'inventivité, la motivation et la créativité du personnel soignant. Par ailleurs, ce service de neurochirurgie n'a pas dans ses effectifs de psychologue ni de psychiatre, car il est très difficile d'en trouver ; les maladies cérébrales comme les AVC, les cancers et les tumeurs ont pourtant de lourdes répercussions sur la santé mentale. Aussi, quand je demande une assistance psychologique, je m'entends répondre que cela n'est pas prévu par le protocole. C'est seulement auprès d'une infirmière empathique que je trouverai le réconfort nécessaire pour m'accompagner dans ce chemin de vie qui devient de plus en plus rude.

Je comprends aussi que, si je désire quelque chose, il me faut faire entendre ma voix, et parfois contredire les décisions des médecins. Rien de plus facile pour moi qui, du fait de ma formation et de ma profession, ai l'habitude de décider. Mais qu'en est-il des patients qui ne savent ni comment remettre en cause une assertion médicale ni comment contester les décisions d'une institution implacable qui détient entre ses mains la vie et la mort des patients ? Comment oser remettre en cause des décisions prises par des experts qui ont fait parfois jusqu'à quinze années d'études ?

Enfant roi, mes récriminations finissent par payer et, progressivement, je reconstruis le petit confort de vie dont j'ai l'habitude. Je suis tiraillé entre le fait de bénéficier d'un système de soins aussi bienveillant et performant – je suis né dans le bon pays, celui qui prend soin de ses ressortissants comme presque aucun autre au monde – et, dans le même temps, un sentiment d'exaspération lié à cet inconfort permanent, à ces intrusions du personnel dans ma chambre, à ces repas dont je ne décide pas les menus, à ces odeurs qui m'incommodent, sans parler des moments d'attente et de frustration comme je n'en ai jamais connu de toute ma vie.

Pendant encore de longs mois, pourtant, j'aurai à subir cette condition. Je ne réaliserai que plus tard que je suis alors dans une phase d'apprentissage très importante pour la suite de mon parcours de patient.

Jeudi 2 décembre 2021, service de soins de suite et de réadaptation

J'ai été transféré dans un service beaucoup moins médicalisé. Toutefois, mes imageries sont plutôt mauvaises. L'hématome ne semble pas se résorber. Un seul point de satisfaction : mon état cognitif et physique est plutôt bon. Je passe toutes mes journées à tourner en rond dans la cour de cet hôpital construit au XIXe siècle selon les principes hygiénistes en vogue à l'époque : tout s'appuie sur un point central qui permet de surveiller les patients – ou les prisonniers – d'où qu'on se trouve. Métaphore de ma nouvelle existence, ces tours de cour me permettent néanmoins de recevoir mes visiteurs en plus grand nombre et bien plus longtemps que ce que la procédure autorise.

Au-delà de mon nouveau statut de patient, mes proches commencent à porter un nouveau regard sur moi. À leurs yeux, je deviens un malade victime d'une énorme injustice provoquée par la nature qui m'a choisi pour exprimer ses aberrations. Pour moi qui ai toujours été celui qui mène la barque, la force de proposition, celui sur lequel on peut s'appuyer, c'est un nouveau changement d'identité profond. Faudrait-il maintenant que je sois celui dont on se préoccupe ? À qui l'on tient la porte ? Celui dont on prend des nouvelles ? Cette brique d'identité inédite et non désirée vient télescoper une fois de plus mon image personnelle et mes projets. Ma vie d'avant commence à s'enfuir, réellement. Je le perçois à travers ce double regard que l'on porte sur moi : je suis un patient *et* un malade. Deux facettes identitaires bien pauvres, eu égard aux vaniteuses ambitions que j'avais il y a encore deux semaines.

Bientôt, je saurai qu'une forme de deuil identitaire a commencé à ce moment-là.

Pour le moment, je ne pense qu'à une seule chose : sortir de l'hôpital. Pour cela, je dois d'abord voir le directeur du service, autrement appelé « le grand chef ». Cette sortie signifiera bien plus qu'une simple fin d'hospitalisation pour moi, qui n'ai encore aucune idée de l'histoire qui m'attend ; elle sera un renouveau complet, celui que j'espère pour renouer avec ma vie d'avant, retrouver mon identité d'alors. Je place tous mes espoirs en elle ; elle sera l'aboutissement de ce premier acte.

On me fait savoir que le grand chef passera me voir dans la matinée… puis dans l'après-midi… puis dans la soirée… Deux jours s'écoulent ainsi dans une interminable attente que ma culture du « tout, tout de suite » m'empêche de supporter comme une personne normalement patiente. Une immense colère monte en moi, nourrie par un gigantesque sentiment d'injustice et d'impuissance. J'ai l'impression de vivre les jours les plus insupportables de ma vie, d'être un enfant qui fait un caprice, un paranoïaque en pleine crise. Tout contrôle de moi-même m'a échappé, mes émotions prennent totalement le pas sur ma capacité à raisonner. J'ai honte de moi, de ne pas savoir gérer cette frustration, et je mesure à quel point ma petite vie jusque-là sans anicroche est éloignée de ce que je suis en train de vivre. Je pense à mes grands-parents qui ont vécu la guerre et la spoliation. Je pense aux Ukrainiens, qui, jour après jour, perdent tout sous les bombardements. Et je songe à cette génération, la mienne, dont les parents ont voulu expérimenter de nouvelles méthodes éducatives consistant à laisser l'enfant exprimer sa créativité, ses émotions à l'instar d'un adulte : aurait-elle été calibrée, ma génération d'enfants gâtés, pour faire la guerre, subir les privations, prendre les armes, construire la France ? Ce sentiment de honte générationnelle, je l'éprouverai à de multiples reprises et, chaque fois, l'enfant capricieux qui sommeille en moi aura bien du mal à faire face à la situation de soins ou de maladie à laquelle il sera confronté.

Le neurochirurgien finit par passer au moment où je l'attends le moins. Comme prévu, il me laisse sortir, assortissant son autorisation de nombreuses questions sur le hiatus entre mon état physique et cognitif et les images de mon cerveau chamboulé par un hématome, un œdème et une zone grise qu'il suspecte être une tumeur.

Lundi 6 décembre 2021, retour à la maison

Le répit engendré par la sortie est de courte durée. Une fois dans la rue encombrée et en mouvement, je réalise qu'il y a un problème. Ma vue s'est totalement détériorée. Je ne vois presque plus de l'œil gauche. Je trébuche sur les trottoirs, suis incapable de discerner les véhicules qui s'approchent de moi, entre en collision avec les passants. Je réalise brutalement que je n'ai pas seulement vécu un accident vasculaire cérébral, une redéfinition de mon identité ou encore une remise en cause de mes croyances et de ma personnalité : je suis aussi en train de devenir une personne en situation de handicap, un déficient visuel.

Trois semaines auront suffi à balayer mes projets, mes ambitions, mon intégrité physique et intellectuelle. Et à me faire passer dans une dimension complètement inconnue, dangereuse, dans laquelle je n'ai plus aucun contrôle.

Décembre 2021

Les maux de tête sont atroces, la fatigue est harassante, ma confusion au quotidien, inquiétante. Toutes mes journées se passent au rythme de cette maladie dont je ne connais pas le nom mais qui me handicape totalement, défiant ma capacité à réfléchir, à parler, à sentir et à me tenir debout. Malgré cela, je parviens à préserver quelques bulles de vie auprès de mes proches. Allongé sur le canapé, je sens la douce chaleur d'un feu de bois de cerisier qui embaume la pièce. Le chien, dont émane une odeur de terre et d'herbe, ronfle à mes côtés dans l'ignorance totale des problèmes existentiels auxquels je suis confronté. À ce moment précis et pour la toute première fois de ma vie, je ressens l'envie de mourir. Là, maintenant, immédiatement. Pourquoi l'homme n'est-il pas doté de la faculté de mourir quand il le souhaite ? S'il a un libre arbitre, pourquoi ce libre arbitre ne va-t-il pas jusqu'à la réalisation du désir de mort, sans qu'il soit nécessaire d'en passer par la violence infligée à soi-même du suicide ?

Par la fenêtre, je vois une forêt hétérogène peuplée de grands arbres majestueux et d'autres, plus petits, qui vivent dans leur ombre. Je distingue aussi un fatras de branches et de troncs morts, souvent frappés par les maladies forestières, qui coopèrent pour soutenir les arbres les plus fragiles. Je suis l'un de ces arbres atteints d'une maladie mortelle au cœur d'un écosystème plus vaste. Je suis l'élément qui tient par la force du collectif au milieu d'autres éléments qui continuent dans le présent et pour qui le futur a du sens. Ces pensées écosystémiques m'apaisent ; je me décentre de mon cas particulier pour m'inscrire dans un tout qui me dépasse. Et je réalise que la société individualiste dans laquelle j'évolue obère complètement cette dimension collective et écologique de la mort.

Mardi 11 janvier 2022, hôpital Lariboisière, service des urgences

La détérioration spectaculaire de mon état m'a valu un retour à la case départ. Au bout de huit heures d'attente, les neurochirurgiens sont unanimes : on va devoir m'ouvrir le crâne pour savoir précisément ce qui se passe, et soigner, c'est-à-dire enlever tout ce qui abîme mon cerveau – hématome, œdème et, éventuellement, tumeur. Au total, j'aurai fait trois passages aux urgences, lieu ultime où se cristallisent l'angoisse et le sentiment de danger, de solitude. Les urgences, c'est tout un concentré de misère humaine, institutionnelle, et en même temps de beauté, d'égalité et de fraternité. Pourquoi les pouvoirs publics ont-ils laissé tomber à ce point l'hôpital, et particulièrement cette porte d'entrée dans notre système de soins unique au monde ?

Mardi 18 janvier 2022, bloc opératoire de neurochirurgie

La semaine qui vient de s'écouler a été la plus stressante de ma vie. On va m'ouvrir le crâne sur environ 20 centimètres de large et 5 à 10 centimètres de long. Des microscopes et des robots vont fouiller mon cerveau pour que la neurochirurgienne puisse, millimètre par millimètre, disséquer la probable tumeur à l'origine de tous ces maux. On prévoit huit à douze heures de bloc, avec une anesthésie générale d'au moins six ou sept heures. À mes côtés dans le bloc, il y aura vingt personnes, dont les neurochirurgiens et tout le staff d'accompagnement. Il faut compter un peu plus de deux heures d'installation du matériel, et une heure et demie d'ouverture du crâne avant l'opération dont on ne connaît pas la durée : elle sera fonction de tout ce qu'il y aura à découvrir dans ce crâne malade.

On vient me chercher à 6 heures du matin. Après une longue douche antiseptique sous la surveillance attentive d'un aide-soignant, il me faut encore attendre une heure, seul dans ma chambre, nu sous les draps rêches, bouillis et aseptisés pour le bloc.

J'y arrive enfin, et j'ai le sentiment que ce moment tant attendu va me libérer de cette maladie inconnue qui m'a détruit en si peu de temps. L'espace du bloc est tellement médicalisé, avec ses infirmières anesthésistes tout de bleu vêtues, l'équipe chirurgicale en vert, les infirmières en blanc, ce scanner cérébral tout orange qui trône au milieu de cette pièce gigantesque, et moi recouvert de draps jaunes typiques de l'AP-HP. Un festival de couleurs totalement inattendu qui me donne l'impression de partir pour un voyage spatial.

Ça y est, ça commence. En quelques secondes, les produits anesthésiants passent dans mes artères, et je pars loin, très loin.

Huit heures se sont écoulées. J'entrevois le visage bienveillant de la neurochirurgienne qui vient de m'opérer. Elle me dit que toute la tumeur a été « réséquée ». Ce qui veut dire totalement enlevée. Cette nouvelle suscite en moi une vague d'espoir : ça y est, le mal a été retiré à la racine, il n'est plus en moi. Bizarrement, dans cette immense salle de réveil où d'autres patients dorment ou gémissent, je me sens plutôt bien, léger. D'ailleurs, dès le lendemain matin, je serai debout, habillé, lavé, sans aucun pansement, juste une cicatrice fermée d'agrafes en métal dans les cheveux.

Ce réveil rapide me vaut pendant quarante-huit heures d'être la coqueluche de tout le service de neurochirurgie. Les chirurgiens et leur cour d'internes défilent dans ma chambre.

On vient admirer ce patient à qui l'on a retiré une tumeur grosse comme une orange et qui, à même pas douze heures du bloc, se porte comme un charme, parle, bouge, marche et sourit à tous ces professionnels pour qui le cas a pourtant l'air particulier. Je reprends un peu confiance en moi, je me dis que si tous ces soignants sont aussi enthousiastes, c'est bien que la voie vers la guérison est maintenant ouverte.

J'apprendrai bien plus tard que, dans le milieu médical, dans les services dits « vitaux » comme la cardiologie, la pneumologie ou la neurochirurgie, une hiérarchie de compétences existe. Et que le héros, ce n'était pas moi, mais bien l'équipe neurochirurgicale qui m'a opéré et a réalisé la prouesse assez rare d'enlever totalement une tumeur de cette taille sans causer le moindre dommage. Malgré cette petite claque narcissique, je suis content pour la jeune neurochirurgienne qui a réalisé cet exploit médical.

Lundi 24 janvier 2022, service de soins de suite et de réadaptation

J'ai le sentiment de reprendre à nouveau pied dans la vie. Progressivement éloigné de la surmédicalisation des autres services chirurgicaux, je vis au rythme très rassurant de l'hôpital, de ses rites et de ses habitudes. Physiquement, je me sens beaucoup mieux et plus autonome. Les visites s'enchaînent et mon état physique me permet de les faire à l'extérieur, ce qui est très appréciable. Il y a toutes sortes de visiteurs et de soutiens, et toutes et tous me font un bien énorme. Certains viennent me voir tous les jours pour me serrer dans leurs bras, m'embrasser, ou même partager un repas froid dans une chambre d'hôpital sordide; d'autres m'écoutent pendant des heures raconter les journées d'un patient. Dans mon service, les malades sont pour certains en très mauvais état : traumatisme crânien, amnésie, blessure par balle, accident de voiture... Aucun ne reçoit autant de visites que moi, et je réalise à quel point j'ai de la chance d'être aussi bien entouré. Chaque visite met la maladie et la douleur causée par les cathéters entre parenthèses. Je ne dirai jamais assez mon immense reconnaissance pour toutes les personnes qui sont venues me voir et m'ont soutenu.

Il y a les *empathiques*. Ils projettent sur moi l'angoisse qu'ils auraient s'il leur arrivait la même chose. Ils éprouvent à travers moi leur peur du danger, de la maladie et de la mort et, ce faisant, me permettent de me rendre compte de ce que je suis en train de vivre. Grâce à eux, je peux sortir du déni dans lequel je me suis moi-même enfoncé. En effet, ma petite vie hospitalière, avec son rythme si implacable, rend le temps si stable et fixe qu'elle ne permet pas la projection sur le long terme; la finitude de l'existence ou encore le temps métaphysique sont totalement sortis de mon champ intellectuel. Finalement, grâce à mes visiteurs empathiques, je reprends pied dans ma vie d'homme, sujet et acteur de son destin plutôt qu'objet de soin à la merci d'une institution, aussi bienveillante soit-elle. On pourrait croire que ces visites, qui me rappellent le sort de l'être humain, son temps compté, me laissent un goût amer. Or, bien au contraire, elles me sont fort utiles pour sortir de mon petit destin individuel, me décentrer et rejoindre la communauté des hommes.

Il y a les *scientifiques*. Passionnés par les progrès médicaux dont j'ai bénéficié, ils me posent des questions toujours plus précises et sont ravis de croiser un spécialiste en blouse blanche dans ma chambre. Grâce à eux, je prends conscience que ma vie est importante pour l'Institution, et même au-delà : que je suis dans un pays pour lequel la santé d'un simple citoyen est plus importante que ce qu'il coûte au quotidien dans sa chambre d'hôpital. C'est la première fois que je réalise vraiment ce que les notions de « protection sociale » et d'« égalité face aux soins » signifient. Dans nos existences individualistes où le collectif n'a plus sa place, où la puissance d'une nation comme la France ne peut être appréhendée matériellement au quotidien, notre lien à un tout institutionnel est rompu depuis trop longtemps pour que l'on se rende compte de l'importance d'être un citoyen impliqué dans un ensemble bien plus grand que soi. Cette prise de conscience a pris la forme d'une réconciliation entre l'idée de République, ou de nation, et moi. Je note que cette vision solidaire, étatique, et une fois encore *collective* de la maladie et de la mort n'est jamais mise en mots dans une vie quotidienne et banale. Cette réalité contribue à m'apaiser et à me donner confiance dans l'institution publique qui m'a pris en charge.

Parmi les nombreux soutiens que je reçois, il y a aussi les *écoutants*. Ils me permettent de verbaliser ce que je vis et ce que je ressens. Grâce à eux, je reconstitue une forme de système qui m'est propre et remets le monde en cohérence autour de moi. Sans leur soutien, il est probable que fiction et réalité, rêve et perception se seraient déjà mélangés pour atteindre ma santé mentale. Il y a également tous ces *généreux* qui souhaitent apporter un soutien logistique, c'est très utile. Puis les *universalistes*, qui raccrochent ma situation aux contingences banales des fragilités physiques et mentales des humains. Il y a enfin les *narcissiques*, pour lesquels ma situation fait écho à leur histoire. Grâce à eux, je me décentre encore un peu plus et, petit à petit, au fil de toutes ces rencontres, je parviens à me détacher de moi-même, à prendre une hauteur qui va m'être nécessaire pour les longs mois qu'il reste encore à tenir.

Février 2022

S'ensuit une période de répit pendant laquelle l'espoir va renaître et mon corps exploser dans une joie de vivre en santé que je n'avais jamais éprouvée. Comme une personne guérie d'un sombre mal dont elle ne connaît pas même le nom, je me sens libéré, en harmonie avec ce corps qui guérit et se répare. Je vois alors à l'œuvre un processus biologique d'une puissance jusque-là insoupçonnée : la *pulsion de vie*. À l'instar de ces petites plantes qui poussent entre les pavés bafoués et épuisés des grandes villes, je reprends vie entre les agrafes, les prothèses en titane, mon crâne endolori et mon cerveau atrophié. Je remonte une falaise de laquelle j'ai été précipité.

Cette sensation ne sera que la première d'une longue série.

Le diagnostic

Cette période de joie corporelle et naïve aura été de courte durée. L'histologie de la tumeur est terminée. Après presque trois semaines d'analyse ADN, génétique et biologique, l'équipe médicale est en mesure de délivrer le diagnostic du mal qui me ronge. Il s'agit d'un *glioblastome*. Cancer incurable du cerveau qui aurait dû me tuer en trois mois.

Paradoxalement, malgré ce diagnostic morbide qui aurait eu toutes les raisons de me détruire, je me sens allégé. Ma vie reprend un sens : je vais devoir m'occuper de cet épineux problème et soigner cette maladie. Traversé par des émotions totalement contradictoires, je ressors de l'hôpital avec l'impression d'avoir un nouveau projet à mener à bien. Un combat à gagner ou à perdre, peu importe.

Quelques heures après l'annonce, je réalise quand même que je vais bientôt mourir, si ce n'est dans quelques mois, du moins dans l'année qui vient. Mais pourquoi ne suis-je pas effondré ? Je décèle pourtant bien la dimension dramatique de ce que je viens d'apprendre dans les yeux des quelques personnes à qui je révèle le diagnostic. À ce moment précis, je découvre en moi une puissance archaïque que j'ignorais totalement. Au-delà de la pulsion de vie déjà phénoménale, j'appréhende soudain l'élément biologique le plus essentiel d'un organisme vivant en danger de mort : la vie, coûte que coûte ; la reconstruction, à tout prix. De même qu'il existe de la vie à dix mille mètres de profondeur ou à côté de sources volcaniques à trois cents degrés, je sens mon corps prêt à se battre avec une puissance infinie. Dans le même temps, et c'est ce qui est extrêmement rassurant, je perçois d'emblée que cette puissance ne m'est pas propre, ni ne relève d'une compétence individuelle particulière. Ce sont juste la nature et la biologie, dans leur ingénierie exceptionnelle et mystérieuse, qui officient en moi.

Ce constat m'amènera quelques mois plus tard à expliquer à tous ceux qui me disaient si courageux qu'ils se trompaient, que chaque être vivant a cette force que nos cultures, nos civilisations et nos religions ont omis de sacraliser, préférant l'abstraction conceptuelle à la matérialité ultime et moléculaire de nos êtres vivants. Je comprends aussi que si nous avions conscience de cette biologie fondamentale qui nous est innée, nous aurions tous beaucoup moins peur de la mort, car celle-ci est tout simplement inscrite dans le vivant. En réalisant cela, je m'allège également du poids énorme des représentations normatives et conventionnelles de la maladie et de la mort. Je m'émancipe des codes sociaux relatifs à notre culture pour expérimenter les règles cruelles de la nature.

Et je commence mon chemin de deuil en dehors des sentiers battus.

Mars-avril 2022

Deux mois s'écoulent, entièrement consacrés à la radio-chimiothérapie qui m'est dédiée. Pendant soixante jours, et à raison de deux minutes par jour, je subis en effet des séances de radiothérapie sous une machine qui me donne l'impression d'ouvrir des portes vers l'enfer et ses éclairs.

Soixante jours et soixante cachets bleus qui intoxiquent autant qu'ils sont censés soigner. Cette période très routinière va générer en moi de nombreux questionnements sur le sens de toutes ces épreuves que je me dois d'endurer, et sur mon destin.

J'ai défriché par mon expérience et mes douleurs le sens écologique et collectif qu'avait cette situation, mais je n'ai pas encore eu l'idée d'aller chercher du côté des outils religieux qui permettent de conceptualiser les épreuves, la maladie et la fin de la vie. Je profite donc de cette machine de radiothérapie qui se dresse seule dans une grande salle aseptisée, avec son plateau de fer glacial sur lequel je dois m'allonger tous les matins comme si je participais à un rite sacrificiel secret, fermée par d'énormes portes blindées, et où officient de mystérieux enfants de chœur masqués. Ayant imaginé les portes de l'enfer au début de ma thérapie, je décide qu'il s'agira dorénavant d'un couloir de connexion directe avec Dieu.

Ainsi, chaque jour, pendant deux minutes, huit semaines durant, sous les éclairs des rayons X, au milieu des bruits robotiques et des claquements du réglage de la machine, j'ai dialogué avec Dieu en lui posant toutes les questions que je voulais, sans aucune censure de ma part. Ce rituel de prières et cette routine de soins me donnaient l'impression d'une vie monacale ou, du moins, tout entière consacrée au sacré et à la religiosité. Ces litanies et ces rendez-vous quotidiens avec une puissance supérieure me faisaient me sentir plus en paix avec moi-même et avec mon corps. Je m'affranchissais des règles d'intermédiation avec Dieu pour bricoler mes rituels singuliers et personnels, seule voie selon moi pour faire face à ce destin que je n'avais jamais imaginé comme tel auparavant. Mon Dieu n'appartenait pas à une seule religion : un peu juif, un peu chrétien, peu importait. Seule la puissance existentielle comptait, et me permettait d'avoir le sentiment d'une prise de décision sur mon destin.

Un soir que je suis tranquille sur mon canapé, je me passe la main dans les cheveux et presque toute ma chevelure se détache avec ce geste. La radio-chimiothérapie commence à faire sentir ses effets secondaires. Je vais devoir renoncer à quelque chose de plus à cause de cette maladie : l'apparence que j'ai depuis de nombreuses années. La maladie, jusqu'ici invisible, expose maintenant ses stigmates affligeants aux yeux de tous. Changer de look dans une vie normale est un moment de passage qui peut être sympathique ou stimulant, et qui vous donne confiance en vous ; dans le cas présent, il s'agit plutôt d'un renoncement supplémentaire. Je me rends compte que, désormais, une personne extérieure non informée me verra d'abord comme quelqu'un de malade avant de voir celui que je suis. Dans ma culture très début XXIe où savoir exprimer sa personnalité et sa singularité propre est valorisé socialement, n'être construit que par le regard des autres est une blessure importante qu'il faut savoir surmonter. Cette étape, à laquelle sont confrontées de très nombreuses personnes malades du cancer, constitue pour moi un nouveau glissement de terrain. Je commence à considérer ces chutes comme autant d'entraînements qu'il me faut subir pour continuer sur ce chemin décidément semé d'embûches. Toujours plus violentes et toujours plus dangereuses.

Mai 2022, la récidive

Tous ces efforts et ces renoncements vont bientôt trouver un aboutissement : l'IRM de contrôle permettra de savoir si le traitement de choc que j'ai reçu a empêché une repousse de la tumeur détruite chirurgicalement en janvier. Étant donné ce que j'ai subi, je me glisse dans le tube d'IRM plein d'espoir et de joie anticipée d'avoir probablement réussi à vaincre cette maladie. Après tout ce que j'ai enduré, tout ce à quoi j'ai renoncé, il n'est pas possible pour moi que le cancer ait progressé.

Et pourtant l'imagerie n'est pas nette. Une trace d'un peu moins d'un centimètre est réapparue à l'endroit où la tumeur a été enlevée. Les cellules malignes qui devaient être détruites par les rayonnements ont réussi, par leur obstination vitale aberrante, à reconstituer une petite tumeur qui n'a plus qu'à se frayer un chemin là où elle a désormais la place de s'épanouir.

Cette fois, je suis effondré. Surtout, j'ai fait une grave erreur : j'ai eu de l'espoir. Or je vais apprendre à mes dépens que l'espoir ne fait pas vivre, bien au contraire : il nous fait tomber d'encore plus haut. De tout temps, j'ai *espéré* faire toujours mieux, toujours plus. Mais au fond, n'est-ce pas la société tout entière qui poursuit cette idéologie du progrès et de l'avenir meilleur ? Et puis je n'étais pas le seul à avoir de l'espoir par rapport à cette maladie : tout le corps médical, doté de son immense pouvoir de vérité, avait lui aussi de l'espoir. Quel médecin ne croirait-il pas à la puissance des soins et des traitements qu'il prodigue ? Le sens intrinsèque de la vocation des médecins et des soignants est précisément de faire en sorte que l'espoir devienne une réalité tangible, celle de la guérison. Du fait de mes croyances occidentales dans le progrès, mais aussi parce que fondamentalement j'avais enduré des épreuves et des souffrances, je pensais que je serais récompensé. Or, entre le marteau de mes certitudes et l'enclume du positivisme médical, je me rends compte que j'ai construit un immense espoir qui maintenant se trouve réduit à néant.

J'ai vraiment cru que j'allais pouvoir reprendre ma vie au point où je l'avais laissée en novembre, que tout allait redevenir normal : le travail, les ambitions, et surtout l'avenir, les projets au-delà de six mois ou un an. Je comprends que deux personnes, à des stades différents de maturité, coexistent en moi. L'une, présomptueuse et vaniteuse, qui croyait avoir vaincu le mal par sa seule volonté et son désir de gagner, celle-là même qui a généré cet espoir sadique qui me fait maintenant tellement souffrir, celle qui croit naïvement qu'on contrôle le destin, l'avenir, dans une toute-puissance factice, celle qui, biberonnée à la sécurité émotionnelle et narcissique, est persuadée que rien ne peut jamais lui arriver, et que la mort n'est qu'une abstraction figée dans la temporalité lointaine de la fin de la vie. L'autre, qui commence un drôle de processus : le deuil anticipé de soi-même.

Se délester jusqu'à l'épure

Avant d'appliquer ce processus à moi-même, j'avais fait un constat sociétal. Dans le cadre des différentes études et recherches que j'avais pu mener sur les vingt millions de personnes âgées en France, j'ai en effet constaté que, chez la plupart d'entre elles, le concept de liberté individuelle, et plus encore de *souveraineté* jusqu'à la fin de la vie, est au cœur de la façon d'appréhender la maladie et la mort. Elles assument pleinement leur vieillesse, à la condition unique de pouvoir choisir, le moment venu, la façon de partir. Avec la transition démographique qui touche les pays d'Europe occidentale, il y a fort à parier que, dans les dix à quinze prochaines années, cette demande va devenir massive.

Le constat est identique si l'on considère les longues maladies chroniques et mortelles comme le cancer, dont les cas ont explosé et se comptent par millions rien qu'en France. La question, en réalité, n'est pas tant qu'il y ait des morts en plus ou en moins, mais que, sans qu'on puisse en prédire l'ampleur, de plus en plus de gens soient encouragés dans les années qui viennent à *conscientiser* leur fin de vie en dehors des normes établies jusqu'alors. Un changement de paradigme qui rend évidente et nécessaire une révolution dans la façon dont est traitée la mort dans notre pays, lequel dispose en la matière d'un arsenal législatif bien maigre.

Dans le même temps, les progrès en médecine et la recherche contre le cancer accélèrent à un rythme tel que les cas d'endiguement et de contrôle des maladies mortelles vont eux aussi se multiplier. Quant aux progrès en biologie, thérapie génique ou immunothérapie, ils participent du même mouvement scientifique progressiste à l'issue duquel les maladies seront probablement plus longues mais moins contraignantes, ce qui se traduira par une progression de l'espérance de vie globale de la population.

Du point de vue du malade de tout âge, la révolution ne sera pas moindre : pour la première fois de la longue histoire humaine probablement, celui-ci ne sera plus un objet de soins passifs ; il deviendra acteur à part entière de son parcours de malade et du soir de sa vie, comme si soudain, et à l'encontre de tout notre héritage métaphysique et existentiel, le principe de mort ne s'inscrivait plus dans un futur désastreux et fini, mais bien dans un présent volontariste et singulier où l'individu pourra encore agir comme un être *libre.*

Cette nouvelle donne quant à l'anticipation de sa fin de vie et du deuil que l'on doit faire pour soi-même implique la mise en place d'un processus personnel de *dissociation*, l'idée étant de trouver un juste équilibre entre ressentir les émotions liées au drame vécu à l'instant présent, parvenir à se considérer comme un autre, à distance, objet de l'attention et du soin des autres, et se projeter dans un futur proche dont personne ne connaît l'issue. Il est tout sauf simple d'abandonner au cours de ce parcours plein de violence et d'embûches des pans entiers de soi-même, de son identité, de sa singularité qu'on a mis parfois des dizaines d'années à construire et à sédimenter. En ce sens, le deuil de soi-même s'apparente exactement au deuil que l'on fait pour une personne extérieure à soi.

Totalement inhumain et contre-intuitif, le deuil de soi est un phénomène qui doit également faire l'objet d'une réflexion *collective*. Il s'agit, autour du patient, d'amener les aidants et les équipes médico-psychologiques à instaurer un apaisement et une sérénité qui auront de larges bénéfices dans le soin qu'ils pourront lui apporter. Son état psychologique en sera considérablement amélioré, facilitant la prise en charge et la prise de décisions difficiles, ainsi que la résilience face à l'adversité.

Mais le deuil de soi n'est pas uniquement quelque chose de triste. Avec la pratique, on se rend compte qu'à chaque perte, à chaque petit deuil, nous est aussi donnée l'opportunité d'aller chercher une nouvelle ressource en soi. Par instinct de conservation et de survie, mais aussi de résilience, on découvre ainsi toute une palette de ressources personnelles inexplorées, et paradoxalement cela crée un sentiment de confiance et de fiabilité en soi-même.

Par ailleurs, dans la mesure où l'amorcer oblige à vivre dans un présent total et à s'émanciper du poids et des contraintes de l'avenir, il permet de vivre avec une forme de légèreté que peu de vivants sans pathologies s'autorisent.

Il s'agit également d'un processus d'acceptation de la transformation, que l'on pourrait appliquer à notre vie de tous les jours pour se détacher des normes, des conventions, et créer son propre chemin. Au moment où l'on croit se laisser abattre, où l'on pense qu'on n'a plus la force de lutter, un mécanisme inexpliqué nous fait remonter la pente, nous réadapter à chaque fois. S'agit-il d'une manifestation secondaire de notre pulsion de vie biologique ? Le fait est qu'à chaque période de deuil de soi correspond une période de reconstruction plutôt positive où une nouvelle peau se crée, que nous nous tissons nous-mêmes.

Le deuil de soi est un processus itératif, car plus une maladie chronique est longue, plus elle est jalonnée d'épreuves, comme autant de deuils et de contre-deuils qui permettent de construire ce nouveau moi apte à affronter la suite. Le malade, à l'instar d'un athlète, se trouve entraîné à enchaîner ces périodes successives. Le bénéfice est qu'il prend confiance en lui, car il découvre que sa force d'adaptation et de réadaptation est presque inépuisable. Il affronte l'inimaginable sur la seule base de ses ressources propres.

Amener la personne à ce processus permet enfin de lui faire sentir qu'elle est désormais dans une zone préservée du danger. Or les maladies chroniques entraînant la mort dans des délais plus ou moins courts vous font basculer dans une autre dimension, caractérisée par une insécurité totale, que l'entourage et l'équipe médicale doivent pouvoir comprendre.

Si la dépression est une étape nécessaire vers l'acceptation, il paraît important de décrire le processus du deuil de soi pour sensibiliser les accompagnants médicaux et familiaux. Il est en effet probable qu'avec une meilleure connaissance de ce phénomène, l'accueil des nouveaux patients dans le giron de l'hôpital, du secteur de la santé ou du vieillissement, se trouverait amélioré, et leur état psycho-émotionnel traité plus efficacement que par une médication de compensation.

Le deuil de soi commence assez tôt dans le processus de maladie chronique longue. Il semble qu'il intervienne en effet dès l'intégration de la personne dans un environnement médicalisé. Par réfraction, le contexte transforme l'identité de la personne en soins, la changeant en *objet de soins*.

Première identité nouvelle : celle de *patient*, ou de malade. Elle naît de la façon dont l'Institution vous prend en charge et vous propose un rythme nouveau. Ce moment peut être bien vécu, dans la mesure où l'identité de patient est une identité sociale bien connue, du moins en théorie, qui bénéficie de nombreuses représentations dans la société malgré les sentiments d'insécurité, d'incertitude et de risque qui lui sont rattachés. Le contre-deuil associé à cet état est celui du renoncement à la normalité. Par le rythme des soins ou celui imposé par l'institution médicale ou hospitalière, l'individu sort du temps normatif de la société, et ce d'autant plus s'il a une vie professionnelle. La vie à l'extérieur de lui continue ; les échéances doivent être annulées, re-projetées dans un futur inconnu ; le deuil de la norme commence alors.

Cette étape marque aussi une individualisation du parcours de soins futur, car le patient ne fait plus partie du collectif de la vie quotidienne. Non qu'il en soit exclu, mais l'ordre des priorités change. À ce stade, intégré dans un système de prise en charge totale, le malade-patient ne peut pas encore contester le pouvoir médical et décider lui-même du rythme des choses ; le moment n'est pas encore venu de pouvoir seulement imaginer qu'une émancipation est possible. Il peut certes y avoir alors un sentiment de révolte, mais celui-ci constitue une autre étape du processus.

En fonction des pathologies et des interventions de soins qui lui sont faites, le corps diminué est le support de la prochaine étape. Les maladies dégénératives, et plus encore neurodégénératives, ont cela de particulier qu'elles dégradent progressivement les fonctions corporelles essentielles. C'est le deuil du *moi-corps* qui s'amorce ; il reviendra cycliquement et s'activera au fil des étapes chirurgicales ou des soins à venir. Dans le cadre du vieillissement, la perte d'autonomie du *moi-corps* peut bien sûr prendre plusieurs années ; dans celui des maladies chroniques longues, le processus est étréci, du moins au début. Arrive bientôt le temps où le corps ne donne plus ses capacités pleines et entières, provoquant alors un changement des équilibres entre corps et esprit : le corps et ses besoins fondamentaux priment sur les velléités de la conscience. À ce moment précis, une certaine aliénation de l'esprit par le corps peut intervenir, et le deuil du *moi-corps* se double d'un sentiment de perte de maîtrise. Il peut aussi se créer des relations conflictuelles dissociées entre corps et cerveau. Enfin, un processus de déprise n'est pas impossible : le choix peut être fait d'abandonner ou d'ignorer son corps, devenu la source de trop nombreuses souffrances.

Faire l'expérience du deuil de son corps n'est pas réservé qu'à la maladie : les accidents de la vie provoquent des situations semblables. Toutefois, intégrée dans un système plus large de deuil de soi, cette étape est particulièrement difficile à supporter. Les contre-deuils peuvent être variés mais, là encore, savoir que nos capacités d'adaptation sont très étendues peut aider à accepter ce nouveau corps diminué. Nous possédons tous en nous des capacités d'adaptation, et donc d'innovation, sous-tendues par notre nature biologique essentielle qui fait de nous ces êtres vivants en transformation constante. Cet acquis naturel, qui nous vient du fond des âges, ne nous est accessible que dans des conditions extrêmes de danger et de conservation. Notre culture positiviste et scientifique omet de nous rappeler cet ordre naturel et biologique du monde, alors même que c'est l'arme la plus puissante pour vivre, survivre et s'adapter. Aussi éprouvant soit-il, le deuil du *moi-corps* constitue l'étape préliminaire pour cette prise de conscience.

Deuil de son identité acquise pour épouser celle de patient, deuil de la norme sociale pour découvrir son propre chemin à défricher, deuil de son *moi-corps* plein et entier… Ces premières étapes ne sont qu'un préalable au deuil suivant, celui des futurs possibles et souhaités. Cette phase douloureuse pourrait également être nommée « deuil de l'espérance et de la capacité de projection ». L'espérance, notion judéo-chrétienne au cœur du principe de foi, est un concept qui nous permet depuis des milliers d'années d'imaginer et de croire à un futur meilleur empli de promesses de bonheur. Or quel est l'intérêt de l'espérance quand on connaît déjà la fin ? Il est vrai que cela concerne surtout la vie après la mort, la possibilité d'un paradis mais, pour les gens de ma génération, ces notions ont été bien moins structurantes qu'elles le furent pour nos ascendants. Après des décennies de progrès technique et scientifique, l'avènement de l'individualisme, la possibilité de maîtrise et la valorisation sociale de notions comme la performance, la réussite et l'ambition, nous avons intégré que nous étions seuls maîtres de notre destin. Ainsi, charge à nous d'imaginer nos propres futurs et nos aspirations. À ceci près que, dans le cadre d'une détérioration de la santé, les impondérables deviennent si nombreux que ces rêves individuels sont rendus impossibles. Ce deuil du futur est donc double ; il concerne à la fois une aptitude proprement humaine de la conscience du temps, mais aussi un deuil fondamental : la construction de soi dans le temps, touchant aussi la trace que l'on veut laisser. Cette phase de deuil de soi, difficile, est pourtant bénéfique car elle permet d'accéder à une dimension uniquement accessible aux mammifères supérieurs, et probablement aux enfants : le fameux *présent total*, celui qui permet de vivre et ressentir le monde de façon directe et concentrée. Une arme d'une nécessité absolue pour la suite du chemin qui nous amène à la fin de la vie.

À ce stade, nous voilà donc déjà bien dépouillés, et allégés de nombreuses contraintes que la vie nous impose, exception faite des traitements médicamenteux qui peuvent être un véritable fardeau dans certaines maladies. Mais vivre sans norme, sans futur, dans une liberté individuelle telle que la seule matérialité présente est le corps, quand bien même celui-ci devient-il au fur et à mesure de plus en plus contraignant à supporter et à gérer, n'est-ce pas le luxe suprême ? N'ont-ils pas été nombreux, à travers l'histoire, les philosophes et les spirituels, à nous vanter les mérites de l'ataraxie, du minimalisme et de la frugalité la plus dénudée ?

Cette phase correspond aussi à une notion plus large qui est tout simplement l'acceptation non pas de la mort, mais de la *transformation*, je l'ai dit. Tout type de métamorphose implique une notion de deuil de ce qui a été avant. Si nous étions plus connectés aux processus naturels que nous avons pourtant sous nos yeux, par biomimétisme, nous aurions des ressources supplémentaires pour vivre ces instants de façon moins anxieuse et plus collective. L'avantage de cette longue phase de deuil de soi est justement d'atteindre cet état d'équilibre et de sérénité difficilement accessible au commun des mortels dans nos vies parfois tellement survoltées, denses et connectées qu'elles en perdent tout sens et but.

L'éclaircissement des horizons permis par ce grand nettoyage de l'esprit, lui-même imposé par la maladie, dégage un nouveau champ des possibles, insuffisamment exploité dans nos vies : l'imaginaire créatif. Dégagé de la charge mentale et des contingences chronophages – et bien que le traitement de la maladie prenne beaucoup de place et de temps –, on peut, comme en enfance, s'aménager des plages de répit, de rêverie et de plaisir.

Quand les notions de risque et de danger se sont envolées parce que nous connaissons l'issue, quand les proches ont compris que le meilleur rôle qu'ils pouvaient avoir est de nous accompagner dans cette étape ultime, quand les médecins ne peuvent plus rien et qu'ils ne désirent que le bien-être du patient, seul espace où la médecine peut encore s'exprimer, quand les choix sont faits et l'unité biographique retrouvée, pourquoi ne pas alors chercher de nouvelles ressources dans ses désirs, ses fantasmes et ses rêves les plus fous ? Sans aucune censure, en homme libre, affranchi de toute entrave ? Et d'ailleurs, qui ? quoi ? comment pourrait-on m'empêcher, même neurologiquement dégradé, de penser, d'imaginer, de jouir mentalement, de me droguer dans un délire imaginatif total, hors norme, qui n'appartient qu'à moi, à moi seul ? Même au milieu d'un système de contrôle médical ou carcéral, avec la maladie prête à attaquer à la moindre faiblesse, la mort qui rôde, je voyage dans mes souvenirs et mes émotions, je recrée des sensations, j'explore mes aspects les plus sombres ou les plus lumineux. Malgré mon corps diminué, j'enchaîne les chorégraphies mentales, je peins, je sculpte, je baise, j'imagine d'autres vies, j'écris des livres.

J'imagine ma vie dans l'au-delà, faite de téléportation et de signes laissés aux vivants, de mon nouveau métier d'ange gardien, de thés chics pris avec mes prestigieux ancêtres pour faire leur connaissance, de réunions avec le comité exécutif de Dieu en personne – parce qu'évidemment je ne m'imagine pas ailleurs que dans les hautes sphères de la décision – afin de décider de l'avenir du monde, de voyages dans l'histoire…

Je prends mes regrets à bras-le-corps, les jette à la poubelle, dans mon égout personnel si besoin. Après tous ces deuils successifs et les efforts perçus comme inhumains que j'ai eus à déployer, je jouis d'une liberté retrouvée. Mais est-ce que cette liberté émotionnelle, sensorielle, créative et mentale est suffisante ? Non. Parce que, grisé par ce souffle nouveau, je veux plus, toujours plus.

Je veux maintenant la liberté de mourir quand je le décide.

PARTIE II

LA MORT COMME PROJET DE VIE

Construire son propre chemin

Mai 2022 (**suite**)

À la suite de la nouvelle de la récidive, mais surtout de mon espoir brisé, de nombreuses idées suicidaires recommencent à me hanter. J'ai en ma possession tout un arsenal médicamenteux qui me permettrait de mettre fin à mes jours sans trop de douleur, mais ce serait d'une telle violence pour mes proches qui me soutiennent depuis le début ! Je me pose vraiment la question de savoir si je suis réellement suicidaire. Tant de gens malades tiennent dans des souffrances atroces, longtemps, des handicapés traversent des mers sans bras ni jambes : sont-ils des héros et moi un moins que rien qui pleurniche au moindre problème ? Dois-je renoncer aussitôt à cette idée ou au contraire ai-je raison de songer à partir pour ne pas être un poids si lourd pour mon entourage et le corps médical ?

Qui m'aidera dans cette période qui ressemble de plus en plus à une dépression profonde ? Les quelques professionnels que j'ai vus m'encouragent à garder le moral et à rester positif, ou à accepter la maladie. Il va me falloir une fois encore aller chercher les ressources en moi-même. Or j'en suis épuisé. Et je comprends que si depuis le début je me suis rendu à tous les rendez-vous médicaux, scanners, IRM, prises de sang, injections, c'est non seulement parce que je voulais guérir, mais aussi, tout simplement, parce que je voulais *vivre*.

Pendant plus d'un mois, j'enchaîne toutes sortes de rendez-vous médicaux, d'expérimentations cliniques, d'examens plus farfelus les uns que les autres : immunothérapie, injection de produits radioactifs, tests neurocognitifs, tests génétiques, et par trois fois TEP-IRM qui implique de rester plus de quarante-cinq minutes dans un cockpit entouré de vibrations et de bruits effrayants, engoncé dans une gaine de seringues et de tuyaux, les poils des bras arrachés par des kilomètres de sparadrap que certaines infirmières ont l'air d'apprécier particulièrement.

Pendant tout ce temps, je parviens à vivre une vie presque normale malgré l'inondation de larmes qui me sinistre désormais chaque jour. Je me fais le serment que, quoi qu'il arrive, à partir de maintenant, je déciderai de tout ce qui se passera. La maladie, bien qu'elle avance à son rythme, n'a pas à dicter le tempo de ma vie, que je privilégierai dorénavant aux examens et aux traitements. Je rédige un e-mail en ce sens à toute l'équipe médicale, laquelle comprend parfaitement mon point de vue et s'adapte à moi comme je ne l'aurais pas imaginé. Je veux m'émanciper de la maladie, briser les entraves qu'elle m'inflige, non pas tant au niveau des troubles fonctionnels mais plutôt de la place que les soins et les traitements prennent dans l'organisation de mon emploi du temps. Soigner cette maladie a fini par devenir un autre métier, une activité à temps plein, et cela, je ne le veux pas. Il me faut prendre une forme de liberté temporelle, décider que la maladie et tous ses corollaires seront secondaires. Aussi irréaliste que cela puisse paraître, j'ai décidé d'adopter cette conduite. Et je m'y tiendrai.

Pour autant, la conclusion de ces deux mois d'investigations est sans appel. Au point qu'on propose de me réopérer, cette fois sans anesthésie générale, pour gratter la tumeur millimètre par millimètre et me permettre de conserver un maximum de facultés cérébrales. Lors des entretiens autour de cette décision encore difficile à prendre, plus aucun médecin n'évoque une guérison ni même une rémission ; ils commencent à parler de « conservation de la qualité de vie ». Je suis passé de l'autre côté : celui des soins palliatifs, et non plus des soins thérapeutiques.

Un jeune et brillant neuro-oncologue a bien tenté d'essayer avec moi un nouveau traitement chimiothérapeutique. C'était le même, associé à des injections de nouvelle génération détruisant toute tentative de création de vaisseaux sanguins afin d'empêcher la tumeur de croître encore. Mon état philosophico-psychologique s'apparente à un véritable fatras émotionnel et affectif. Toutes les trois semaines, on injecte la mort dans mes veines pour tuer une tumeur qui veut vivre coûte que coûte. Je suis conscient que cette maladie va me tuer dans un délai restreint et, dans le même temps, tout cela est fait pour garder la vie en moi le plus longtemps possible.

Malgré les molécules qu'on me donne pour gérer mes troubles psycho-émotionnels, cette triple tension paradoxale devient bientôt impossible à gérer.

Mon entourage et moi traversons alors une véritable vallée de larmes. À la fois épuisés par ce que nous venons de traverser et incertains de ce qui va advenir, nous avons l'impression que chaque moment passé ensemble est le dernier, que chaque baiser est l'ultime et que, à l'instar d'un photographe compulsif, il nous faut alimenter la boîte à souvenirs pour être sûrs de garder la bonne image des uns et des autres.

Cette course vaine nous a amenés à vivre trop intensément des choses qui n'avaient pas besoin de l'être et, paradoxalement, une distance s'est installée alors même que c'est l'inverse qui était recherché. Comme si chacun était pressé d'en finir pour enterrer au plus profond de soi cette douleur latente de la fin.

De mon côté, j'ai fini par écarter le sentiment d'injustice et de révolte, qui devenait trop insupportable. En réalité, ce dont j'ai peur, ce sont surtout des douleurs qu'elle pourrait m'infliger, et aussi probablement d'une fin de vie chaotique, misérable, glauque.

Jeudi 28 juillet 2022, hôpital Lariboisière, service des soins palliatifs

C'est dans cette logique qu'avec l'aide d'un médecin anesthésiste, je rencontre un professeur réputé en soins palliatifs qui me reçoit avec l'ensemble de son équipe. J'ai besoin de comprendre quelle est encore ma marge de manœuvre et de maîtrise de ma situation. J'ai besoin de construire un véritable projet autour de cette maladie, besoin pendant quelques semaines, peut-être quelques heures, d'un peu de répit, qu'on me donne le sentiment que j'ai les choses en main et que je redeviens acteur de ce destin aberrant qui m'embarque dans une histoire qui ne me plaît pas du tout.

Ce bienveillant docteur et son équipe de psychologues m'expliquent en détail comment va se dérouler la suite des événements. Déjà, ayant reçu un diagnostic de maladie incurable, je relève de la sédation transitoire ou profonde. Je peux donc m'enlever l'angoisse de mourir dans des souffrances atroces : le service pourra veiller à me prodiguer des soins de confort contre la douleur autant que j'en aurai besoin. Être informé de cette option, qui représente finalement une issue favorable et choisie, me rassure. Sachant que c'est impossible dans notre pays, je me suis également renseigné sur les options d'euthanasie en Suisse et en Belgique que de nombreux patients évoquent sur les forums Internet. Le système belge me paraît tout à fait pertinent ; il n'est toutefois pas si simple pour un Français d'y accéder : il faut formuler trois fois la demande ; or, à ce stade de ma maladie, il est déjà un peu tard, et les médecins belges qui pratiquent l'euthanasie sont visiblement surchargés de demandes. Je me dis que je verrai bien au moment voulu.

J'entame alors un cheminement personnel, mais aussi intellectuel, sur ces questions essentielles dans une société qui s'apprête justement à considérer ce sujet de la fin de vie voulue, choisie, provoquée. J'ai le sentiment d'avoir du temps et, curieusement, ce rendez-vous m'a de nouveau boosté. Parce qu'on a mis des mots sur des ressentis. Parce qu'on a parlé devenir et projets. Le médecin a d'ailleurs été étonné de mon empressement à anticiper ma fin de vie. Il m'a qualifié de « précrastinateur ». Je me dis en effet que j'ai encore beaucoup d'autonomie, et qu'ayant passé mes séjours hospitaliers à tourner en rond dans la cour, je suis physiquement plutôt en forme. Après tout, ne suis-je pas un homme de 43 ans en pleine force de l'âge, qui a toujours bougé, n'a jamais bu, jamais fumé ? J'ai donc le droit de penser un peu à la vie plutôt que de me précipiter directement vers sa fin.

Je comprends que dans cette histoire, ce dont j'ai besoin, c'est d'un horizon de projets, fût-il limité à deux ou trois semaines. Il me faut m'inventer un avenir, un micro-futur, n'importe quoi. Pour sortir de cette ornière dans ce qu'il faut bien appeler une impasse, je vais prendre les choses en main, avec volonté, avec force. Cela suffit ! Et qu'importe si je suis devenu à moitié aveugle, je m'adapterai. Jusqu'à présent, j'ai suffisamment écouté mon corps, c'est maintenant à lui de m'entendre. Employer ainsi la manière forte va m'aider, non pas à guérir, mais au moins à aller mieux dans ma tête et dans mon corps. J'ai bien compris que je ne guérirai plus, mais je viens de réaliser que je peux me sentir mieux, ce qui est très différent.

Je décide de tout reprendre en main à ma manière, comme l'entrepreneur que j'ai toujours été. J'ai désormais un nouveau travail, celui de me conserver le plus autonome possible, de préparer un grand projet, celui de ma fin de vie, des derniers instants beaux et non douloureux, consentis, sans drames ni pour moi ni pour mes proches, qui commencent à comprendre, ou du moins à pressentir, ce vers quoi nous allons. Mais il s'agit là d'un véritable travail d'équipe, et d'abord avec les médecins avec qui j'ai fini par me réconcilier. À force de les entendre m'annoncer de terribles nouvelles, j'avais en effet développé une sorte de paranoïa médicale, une forme de phobie de la blouse blanche dont j'ai déjà entendu parler et à laquelle, je pense, les médecins sont habitués. C'est à moi maintenant de prendre ma vie en main, de voir les choses en face. J'ai compris qu'en me laissant porter par les médecins et par l'Institution, les protocoles, les programmations de soins et d'injections, j'ai petit à petit été dépossédé de mon libre arbitre. J'en veux pour preuve la décompensation que j'ai subie quand j'étais encore alité après mon opération. À l'époque, on a même dû me gaver de calmants car, compte tenu du fait que l'institution hospitalière avait fait de moi un objet de soins passif, j'ai connu une crise de dépersonnalisation. Mais sans ce procédé de réification, l'Institution pourrait-elle vraiment fonctionner ?

Je réalise aussi que cet épisode dépressif a paradoxalement servi mon émancipation : après presque un an de cette situation d'assistanat, il me paraît urgent de couper le cordon avec la toute-puissance et l'omniscience médicales. À moi d'affronter les choses, à moi *seul*, dans un face-à-face avec la maladie, la tumeur…

*

– *Mais qui es-tu ?*

– *Je suis ta tumeur.*

– *Tu sais que tu n'as rien à faire là ? C'est chez moi, ici. C'est mon cerveau et il me sert beaucoup, pour vivre, travailler, m'accomplir. Pourquoi es-tu venue ici, et pas dans le cerveau d'un autre ?*

– *Je ne sais pas exactement. Je ne suis qu'un amas de cellules dont la seule obligation est de se reproduire, de s'étendre et de te coloniser. C'est sûr que nous n'avons pas une machine aussi sophistiquée que la tienne, avec tous ces réseaux de neurones que je vois, ces zones dédiées à ta vue, à ta spatialisation, ta géométrie dans l'espace… Je vois une belle zone, là-bas : c'est pour faire fonctionner tes bras et tes jambes ? Je me sentirais bien, ici. Et ce bel espace, là ? C'est ta mémoire ? Je me sentirais bien, là aussi. J'adore cet endroit ! Ah, c'est ça qui te sert à parler ? C'est grand ! Ça a l'air très confortable, un peu bruyant peut-être…*

– *Est-ce que tu vas me faire mourir ?*

– *Oui, théoriquement, je suis prévue pour ça. Comme je suis très efficace et que j'ai des dons pour m'infiltrer, qu'en plus tu es jeune et en bonne santé, je suis très difficile à arrêter. J'ai bien ri avec tous les médicaments que tu m'as envoyés. Tu as vu ? Ils n'ont servi à rien.*

– *Qu'est-ce qu'on peut faire pour essayer de vivre ensemble, tous les deux ? J'aimerais avoir encore un peu de temps pour moi, faire des projets, tu vois ? Profiter un peu d'une vie sans toi…*

– *Tu n'as qu'à m'ignorer et me laisser faire mon travail tranquillement.*

– *Mais c'est dur, de t'ignorer. Tu prends ma vue, puis mon audition. Et surtout, tu me fatigues.*

– Je sais, tes amis les médecins disent d'ailleurs que je suis très efficace pour prendre la vie. Déjà, j'adore voir la tête que vous faites quand les gens prononcent mon nom.

– OK, je comprends. On aime tous le travail bien fait dans ce corps-ci. Je vais te proposer un deal : laisse-moi au moins un mois de tranquillité, laisse-moi prendre un mois de vacances en août. On verra après. Fais ton boulot, mais laisse-moi juste vivre bien pendant trois semaines.

*

Août 2022, Ardèche

Tous les moyens doivent être mis en œuvre pour un vrai répit, pour moi comme pour mon entourage. Je sais que ce sont probablement les dernières vacances de ma vie, car les médecins tiquent un peu quand je leur parle de ce qui pourrait advenir dans six mois. Malgré ma déficience visuelle, j'ai appris à lire les microtensions sur leur visage quand ils ne veulent pas dire des nouvelles difficiles. J'ai donc compris que, pour eux, six mois de vie, c'est un grand maximum. Mais cela ne fait rien car, progressivement, j'apprivoise cette maladie, j'embarque tout le monde avec moi afin qu'on soit tous prêts pour mon voyage. Cela est si apaisant que je me décide à passer les plus belles vacances de toute ma vie. Je suis dorénavant le maître du temps, de mes émotions. Je ferai ce que je veux, quand je le veux. Nul traitement, nulle tumeur, nul médecin ne pourra m'obliger à quoi que ce soit.

Cette résolution personnelle ne m'empêche pas de me questionner sur mon égoïsme relatif. Si je suis passé dans une autre dimension, au-delà du danger de la maladie et de la peur des opérations chirurgicales, si j'ai fait un chemin d'acceptation, les autres autour de moi n'en sont pas forcément au même point. À plusieurs reprises, je me surprends à parler sans aucun tabou de ma maladie, de ma mort, provoquant chez mon interlocuteur quelques larmes et beaucoup d'angoisse. Mais j'ai besoin de ces temps d'expression. Pour faire ce cheminement, il faut aussi que j'accepte d'être un peu égoïste et qu'on s'occupe de moi. Bien qu'ayant développé une phobie de la passivité et de l'emprise à cause de mes séjours à l'hôpital, en vertu du deal que j'ai passé avec ma tumeur, si je veux vivre tranquillement je dois accepter de dépendre aussi un peu des autres.

Le petit Jérémie est complètement hystérique qu'on le poursuive avec le pistolet à eau au bord de la piscine. Il hurle, rit à pleins poumons tout en haletant d'excitation. Ses parents sont tellement heureux de voir leur petit en si bonne santé, si habile à déjouer les embuscades de son grand-père, qu'eux aussi s'esclaffent avec une sincérité touchante. Il y a tant de joie et de jeu dans la maison que la petite chienne noire n'a de cesse d'apporter ses jouets préférés pour profiter elle aussi de cette atmosphère propice à l'amusement. Partout, de la musique : violon dans la grange, piano au salon, orgue et chant à la basilique. Et puis, hasard ou non, cette année le jardin regorge de fruits. La vie est partout, la maladie, nulle part. Les amis, la famille viennent de tous les coins de France pour me voir, passer un moment avec moi dans ce paradis ardéchois qui me prodigue ses bienfaits.

J'avais oublié en quelques mois ce que la vie peut offrir de merveilleux, la noirceur de la maladie et de la dépression ayant élimé l'envie de vivre. Je suis en vacances de la maladie, et c'est ainsi que je l'avais exprimé au corps médical, qui l'a bien compris. Ils ont certes un peu insisté sur le fait de ne pas partir trois semaines, plutôt dix jours, mais j'ai résisté. Et j'ai bien fait : ces jours de répit m'apportent bien plus que je l'imaginais. Ils me réinitient au sens de la vie. En passant du temps avec mes proches, je me rends compte qu'ils ont changé. Les liens se sont densifiés, les positions de chacun, affirmées. Certains ont débloqué des situations, d'autres ont mûri, comme si ma maladie les avait encouragés à se prendre en main ou à s'interroger sur leur destin individuel. Au fil des soirées sur la terrasse éclairée par les somptueuses lunes estivales, je contemple la beauté des êtres et des choses. Je comprends que ma situation a fait bouger les lignes, comme ce petit déclic dont on a tous besoin de temps à autre pour se mouvoir et pour agir. Le sens de tout ça est bien là : ce n'est pas moi, le centre, mais moi dans un collectif de proches qui, comme des dominos, sont interdépendants les uns des autres; et mon changement de position, comme dans un jeu de mikado, métamorphose l'ensemble, transforme les rapports d'équilibre. Réémergeant de mon passé, des gens se manifestent, informés de ma situation. Des souvenirs reviennent, mettant ma vie en cohérence et en facilitant le bilan. Tout un écosystème humain et social impacté qui me porte dans un élan collectif, brise mon isolement mental et me conforte dans l'idée que ce projet de fin de vie, aussi étrange soit-il, est définitivement plus collectif qu'individuel. Je réalise que c'est, aussi, une façon d'innover, comme le fait très bien la nature quand elle reprend ses droits, propose des évolutions et des améliorations constantes. J'ai renoncé à ma vie d'avant et, surtout, je constate que cette maladie mortifère m'apporte un renouveau paradoxal.

*

– Bien joué, dit la tumeur. On ne m'a jamais traitée d'« élément nouveau » ! En général, ce sont les gens qui guérissent qui disent être de nouvelles personnes. Et toi ? Tu n'as pas encore compris que tu ne guériras jamais ?

– Si, mais j'essaie de vivre un peu encore, de t'accepter. Parce que tu sais, nous, les organismes évolués humains, nous avons une conscience, une éthique, une âme, et même des croyances. Et nous cherchons à donner du sens…

– Est-ce que tout ça correspond à des zones de ton cerveau ? Ça doit être intéressant à prendre…

– Je ne sais pas, on demandera au neurologue.

*

Mon arrogance avec la tumeur m'a coûté cher. Au retour des vacances, j'ai perdu 75 % de ma vue, certains troubles cognitifs et mémoriels sont apparus, et des micro-crises d'épilepsie récurrentes ont contribué à endommager encore davantage le tissu cérébral. Les nouvelles IRM ressemblent à des œuvres d'art conceptuel constellées de taches blanches. La tumeur s'est largement étendue.

Vendredi 28 octobre 2022, Paris, La Pitié-Salpêtrière, service de neuro-oncologie

L'automne est bien avancé dans le magnifique parc de ce très vieil hôpital. Malgré ses trente ans de plus que moi, ma mère marche nettement plus vite et paraît plus en confiance dans ces escaliers qui nous conduisent à ce qui va être le dernier rendez-vous médical d'importance. En habitué, je prends place dans la salle d'attente. Le neuro-oncologue nous reçoit sans tarder. Je n'ai pas eu besoin de faire douze années d'études pour me rendre compte que l'IRM est catastrophique. Le médecin explique très clairement qu'aucun des traitements essayés n'a fonctionné. Il propose une nouvelle chimiothérapie, à base d'une molécule très agressive pour le corps, tout en insistant sur le fait que ses effets secondaires seront sans doute bien plus dévastateurs que la maladie elle-même. Compte tenu des résultats encourageants que j'ai obtenus avec mes bricolages, mes arrangements tout personnels, et qui pourraient être réduits à néant avec ce nouveau traitement, il ne me recommande finalement pas de le suivre et préconise plutôt de me mettre sous corticoïdes à dose croissante, pour atténuer les symptômes neurologiques visuels et auditifs.

Je sors donc de la consultation sans plus aucune aide médicale et thérapeutique pour lutter contre la maladie. C'est désormais un corps-à-corps entre le glioblastome et moi. Un peu comme dans un film d'action kitch à l'américaine, c'est le combat final qui commence.

Je suis surtout inquiet pour ma mère, qui a assisté à cet entretien ayant rendu les choses plus concrètes, cruelles et expéditives que jamais. En traversant la chapelle de l'hôpital, je lui demande ce que ça lui fait, de se préparer à perdre un fils. Elle me répond sans flancher qu'elle sait et qu'elle est prête, que mon père l'est aussi. Ils ont tous deux entendu mon idée de projet de fin de vie et, dans un acte d'amour inconditionnel, au-delà de leur peur et de leur angoisse personnelles, ils sont résolus à me suivre dans cette innovation un peu folle. Je suis subjugué par ces parents prêts à tout pour leur enfant, y compris ce qui pourrait passer pour un délire total de ma part : imaginer ma fin de vie comme quelque chose d'aussi anecdotique qu'un projet professionnel ou un achat immobilier. Dès le début de la maladie, j'ai demandé au médecin de me dire toute la vérité, à chaque étape. J'ai pris le parti d'appliquer le même principe à mes proches. Peut-être cela a-t-il contribué à ce que mes parents suivent le même chemin d'acceptation que moi ? Le fait est qu'ainsi, je ne suis pas confronté à la douleur des autres, charge très lourde pour moi qui deviens de plus en plus fragile avec l'avancée de la maladie.

Pour ma part, aucune ambiguïté : je suis totalement soulagé, à la fois de ne plus subir des traitements invasifs et d'avoir pour nouvel horizon un combat frontal. Je suis libre de mon temps, de mes actions, comme avant, comme un jeune homme de mon âge. Alors que cette consultation signifiait qu'on en était arrivés au dernier acte de cette tragi-comédie, malgré la dose d'antiépileptiques qui a doublé, je fête cette libération avec des amis et du champagne. Je vais finalement vivre ma meilleure vie, soutenu par des médicaments qui m'empêchent de dormir, me stimulent physiquement et intellectuellement, d'autres qui me calment et me font dormir comme jamais je n'ai dormi auparavant. Cette période de suractivité me rappelle la vie d'avant, sans le poids de lendemains à construire, d'un avenir à décider. Tous ces changements et renonciations ont en effet contribué à me bâtir une vie totalement renouvelée, comme un nouveau départ, le nouveau chapitre d'une existence sans maladie, dans laquelle le futur est inutile.

Je réalise aussi que le fait de ne pas avoir d'enfant est un atout immense dans mon parcours. Il est sans conteste un peu plus facile pour moi de tenir cette posture. J'ai vu à l'hôpital et dans les salles d'attente des malades comme moi qui, en parallèle, ont à s'occuper de leurs enfants en bas âge. Je me figure la culpabilité immense que ces parents doivent ressentir de ne pouvoir assurer un avenir à leurs enfants. J'imagine aussi les effondrements successifs qu'indubitablement ils subissent. Ma liberté de parole et ma marge de manœuvre sont tellement plus grandes que ce que doivent être les leurs.

Vendredi 18 novembre 2022, Paris

Pile un an après la première manifestation de ma tumeur.

Ma vie est maintenant celle d'une personne en situation de handicap, qui a malgré tout conservé une certaine autonomie mais qui a besoin d'un auxiliaire au quotidien pour vivre sereinement, se nourrir et se déplacer, préparer les médicaments… Mon rythme de vie se doit d'être très structuré. Il s'agit de me permettre de continuer à faire des choses comme travailler un peu, voir des gens que je n'ai pas vus depuis longtemps, découvrir le nouveau quartier dans lequel j'ai dû emménager pour me trouver dans un environnement plus adapté à mes handicaps multiples ; à mon niveau, j'aspire à me maintenir actif dans une vie sociale et familiale.

Cette existence très structurée et assez limitée, j'aurais dû l'avoir si j'avais eu deux fois mon âge. Mais qu'importe, finalement : j'ai appris à me contenter de peu, ce qui représente une véritable révolution intérieure pour moi qui ai toujours couru après des utopies irréalisables. Malgré les douleurs et la fatigue, cette petite vie ne me convient pas trop mal. Surtout, elle n'est pas dénuée de poésie et de drôlerie. Mes troubles neurologiques déforment la réalité de façon absurde et parfois tellement surréaliste que je regrette beaucoup de ne pas avoir de dons artistiques pour peindre et partager ces anomalies de la perception que les cubistes ou les impressionnistes m'auraient enviés. Il m'arrive ainsi d'admirer des poneys qui rentrent dans un mariage, des chats géants tapis au fond d'une piscine gelée, des visages archaïques gravés dans la pierre, des ombres fantomatiques sorties des murs et des façades, des gens connus dont le visage devient soudainement inconnu ou prennent les traits d'un autre sous l'effet d'une lumière mal ajustée. Je ne me reconnais plus moi-même dans la glace, ne retrouve plus la personne que j'ai été, en découvre une autre. À la fois vertigineux et fascinants, ces troubles me rendent la vie tous les jours plus étonnante et fantaisiste. Parfois, lors d'une conversation, des phrases incongrues, en totale inadéquation, apparaissent et traversent mon esprit comme si j'entendais en écho des formules qui avaient été prononcées trois jours ou trois siècles plus tôt dans le même lieu, ou peut-être à un autre endroit, dans une situation semblable, ou comme s'il s'agissait des pensées de mes interlocuteurs. Cette impression d'étrangeté qui entoure tous les lieux que je traverse ou les moments que je vis est le fait d'amnésies récurrentes qui m'empêchent de rassembler mes souvenirs à court ou à long terme, des troubles de la spatiotemporalité, de nature neurodégénérative, et qui peuvent être assimilés à ceux de la maladie d'Alzheimer. Ma vie devient ainsi un peu paranormale, mais cela m'amuse beaucoup dans la mesure où, par chance, j'ai conservé une raison suffisamment solide pour ne pas croire toutes les tromperies fantasques et mutines de mon cerveau.

Je profite de cette période d'autonomie où le futur est une notion futile et que je sais comptée dans le temps pour commencer à dire adieu à mon entourage et aux êtres qui m'ont accompagné dans ma vie. Je commence par ceux que je n'ai pas vus depuis longtemps ou que la vie a éloignés pour différents prétextes, valables ou non. Je sélectionne les gens avec qui je me suis construit à un moment ou à un autre de ma vie et que je n'ai pas forcément recontactés depuis. Je comprendrai par la suite combien cette séquence a eu un intérêt majeur pour ma préparation psychologique. En revoyant toutes celles et tous ceux qui ont été importants pour moi et ont contribué à la construction de qui je suis, sur les plans tant affectif qu'émotionnel ou intellectuel, je touche du doigt l'*unité biographique*, une forme d'homogénéité de ma personnalité construite avec mon histoire et qui me permet de m'appréhender dans mon entièreté et ma complexité. Je me sens dorénavant rassemblé, *unitaire*, comme un bloc plus fort, plus puissant, apte à faire face à ces épreuves et aux coups durs qui m'attendent encore. Ces dialogues amicaux surgis du passé m'ont permis de combler des vides dans mes souvenirs, mais aussi de réajuster mes représentations et certains moments de ma vie, de les décentrer de mon entendement pour remettre une forme de vérité dans mon histoire de vie. Une façon de faire la paix avec moi-même. Dans ce processus de deuil de moi-même, ces moments intenses et partagés vont être de nouveaux et précieux outils pour affronter la suite.

Je mets aussi en ordre mes affaires. Non pas que j'aie un patrimoine colossal à transmettre, mais je veux que les choses soient claires à l'égard de ma famille pour leur épargner ce genre de tracas à ma disparition. Je trie, jette ou donne tout ce qui est superflu. J'ai l'impression de préparer un voyage ; vraiment, c'est le cas, et c'est jouissif. Un nouveau départ au crépuscule de ma vie.

Auprès de mes plus proches, je commence aussi à évoquer leur vie sans moi. J'ai assisté au cours de mon existence à trois morts très violentes, aussi soudaines qu'un véritable cataclysme, et qui ont détruit des êtres, des existences et des familles entières. Je suis très soucieux d'épargner une telle fin à mes proches ; aussi j'imagine pour eux ce que pourra être la vie après moi en leur expliquant que la résilience est une composante profondément humaine et naturelle qui leur permettra de faire face aux déséquilibres que mon départ engendrera. Je vois bien que ma conception n'est pas du goût de tout le monde ; peut-être ne devrais-je pas anticiper autant, leur voler leur deuil, leurs émotions propres et intimes ? Si la maladie m'a obligé à un important lâcher-prise auquel je ne pensais jamais accéder, je dois maintenant accepter que les choses se déroulent comme elles le doivent, sans plus intervenir. Il me faut vivre dans un présent absolu, fait de plaisirs, de jouissances, de moments intenses. Me donner le droit de *vivre*, plus fort encore.

*

Je sens leurs mains se chercher dans le bas de mon dos et sur ma taille. Leur haleine de tabac m'étourdit ; nos souffles croisés s'accentuent à mesure que monte l'excitation. Une des bouches s'entrouvre, laissant passer, puis nous envahir, une onde de chaleur humide ; les langues cherchent le goût des autres. L'intensité de notre étreinte s'amplifie : dans les bras de l'un, mon corps est une terre glaise que l'on malaxe avec force et puissance ; sous les caresses de l'autre, je deviens une plume fébrile. À mon tour, j'explore ces corps agités, ajoutant mon étreinte à l'équilibre des forces qui nous maintient de plus en plus rapprochés les uns des autres.

Mon état altéré rend la jouissance triplement plus puissante.

*

Novembre 2022, sous corticoïdes

Puisque plus aucun traitement ni aucune thérapeutique ne peut agir sur ce glioblastome, l'équipe médicale propose une corticothérapie assez solide pour effacer les symptômes. C'est un psychostimulant puissant qui peut me permettre, pendant quelques mois peut-être, de finaliser tous les projets que j'ai envie de mener et qui masquera de manière transitoire ma fatigue et d'inévitables nouveaux troubles.

Je décide donc de profiter, et de mobiliser l'ensemble des capacités qu'il me reste. En cela je suis soutenu, étayé par mon mari, compagnon de route de toujours avec qui je sais maintenant avoir passé la moitié de ma vie. Il me dédie presque tout son temps. Il est un aidant d'exception, a construit pour moi un environnement cadré et facilitant pour me laisser assez d'autonomie au quotidien. Nous avons imaginé ensemble un lieu de vie où les affaires de tous les jours sont suffisamment accessibles pour que je puisse m'habiller, me laver, prendre ce dont j'ai besoin dans les placards et le frigo, seul. Nous ne pouvons plus partager les tâches ménagères et il en assume la plupart mais, grâce à des mises au point successives et une très grande communication pour qu'il puisse comprendre mes troubles qui se superposent au fil des semaines – sans omettre quelques discussions triviales sur la place du papier toilette ou la façon de ranger les slips et les chaussettes –, nous avons bricolé un quotidien certes très structuré mais qui nous convient à tous les deux. De mon côté, je dois faire l'effort d'analyser en profondeur mon trouble, son fonctionnement, pour mieux le contourner. Après avoir déjà renoncé à régenter la vie quotidienne de la famille, il me faut apprendre à exprimer le plus clairement possible mes besoins, accepter d'être celui qu'on aide, qu'on aime, qui se laisse porter pour la plus grande fluidité au quotidien. De son côté, une forte empathie est nécessaire pour se mettre à ma place et réaliser les aménagements indispensables à notre confort de vie. Ayant finalement mis de côté la culpabilité inutile que l'on ressent quand on est un malade dont on s'occupe, j'anticipe la perte de mon autonomie qui va se poursuivre dans les mois à venir pour lui préserver dès à présent des moments de répit où il peut se retrouver seul à accomplir des choses qui lui font vraiment plaisir. Cela me demande des efforts car, seul, la vie est pour moi beaucoup plus compliquée, mais il faut aussi que je pense à lui. À plusieurs reprises, j'ai l'impression que nous sommes de vrais associés dans la gestion de cette maladie, avec un objectif commun malgré l'immense peine que nous éprouvons à l'idée de devoir nous séparer après vingt ans d'une vie d'exception ensemble : nous voulons préparer ce qu'il appelle une « belle mort ». Il a compris et adhéré à mon projet de fin de vie, et je sais aussi que lui comme mes parents se sentent rassurés par ce jalonnement d'étapes successives sur le chemin que nous sommes en train de créer collectivement.

Notre relation, bien sûr, s'est complètement transformée, encore plus intense et évidente qu'au premier jour. Lui me préserve de tout ce qui peut me stresser du fait du récent dysfonctionnement de la zone psycho-émotionnelle de mon cerveau ; moi, je fais le maximum pour me maintenir et m'entretenir, lui témoigner ainsi l'infinie reconnaissance que j'ai pour tout ce qu'il fait pour moi. Ce qu'il me donne est tellement immense que je ne pourrai jamais le lui rendre, et c'est un autre deuil que de devoir y renoncer. J'espère juste que ce mari exceptionnel qui m'a accompagné tout au long de ma vie sera récompensé pour tout le bien et le bonheur qu'il m'a donnés.

Je me rends compte que, sans la présence de tous ces aidants autour de moi, mon état aurait été si dégradé que j'aurais dû retourner à l'hôpital il y a déjà plusieurs semaines. J'ai beaucoup travaillé sur la problématique des aidants dans ma carrière ; j'ai la confirmation qu'ils sont non seulement des piliers fondamentaux, mais surtout qu'ils agissent à tous les niveaux impactés par une maladie : fonctionnel, émotionnel, psychologique, physiologique, environnemental... Leur rôle est aussi vital que celui des équipes de soins; ils sont de véritables coéquipiers dans la lutte et dans l'aventure que représente le fait de défricher son parcours de malade et son projet de fin de vie. Ayant vu des gens seuls face à leur propre maladie, je mesure la chance que j'ai, et je rêve que tous les malades en fin de vie puissent bénéficier d'un tel entourage, d'un environnement si propice.

À force d'être anticipé, imaginé, exprimé, ce grand rendez-vous en devient presque une perspective joyeuse, de concorde et d'amour collectif. En vertu des normes sociales en vigueur concernant l'image de la mort, cette vision iconoclaste en gêne toutefois certains. Qu'importe : aussi paradoxal que cela puisse sembler, mes plus proches et moi-même commençons à sentir la sérénité s'installer, et en mon for intérieur je me dis qu'on a *tous* bien bossé.

Réinvestir un futur tronqué

À ce stade de maturité de notre société sur le sujet, la fin de vie est essentiellement associée aux dernières semaines, voire aux derniers jours des maladies incurables et mortelles. Rien ne nous empêche pourtant d'élargir le champ, d'autant que cette notion nous habite tous, de manière existentielle, à chaque moment, à chaque étape de notre vie, et en particulier à l'aube de l'avancée en âge.

Pour appuyer l'appareil conceptuel nécessaire au débat sur la fin de vie, les soins palliatifs, l'aide active à la mort ou encore l'acharnement thérapeutique, la notion de *projet de fin de vie* semble être une base solide.

La genèse de cette notion est à chercher dans le deuil du futur et dans l'incapacité du malade à pouvoir à nouveau se projeter, à pouvoir s'accomplir dans des projets qui lui sont propres. S'il est vrai que faire le choix anticipé de sa mort est à l'origine une idée suicidaire, le projet de fin de vie est bel et bien une façon de sublimer le peu qu'il reste à vivre dans un désir de partage et d'accompagnement. Dans l'apaisement et la sérénité collective, chacun est invité à trouver sa place dans le nouvel équilibre que le futur absent va créer.

La notion de projet de fin de vie est en effet profondément collective, et donne au malade incurable la possibilité de maintenir son utilité dans le groupe. Pour un animal social tel que l'humain, quoi de plus précieux que de conserver sa place et sa fonction jusqu'à la fin ? C'est là le sens de cette notion, et aussi le plus beau cadeau que le futur mort laisse aux vivants pour les accompagner dans la perte qu'il va occasionner dans un avenir proche. Dans la formulation de son projet de fin de vie, il va exprimer si ce n'est son consentement, du moins son assentiment à ce que le destin lui réserve. Ce faisant, il va apaiser son entourage et ceux qui vont rester. À l'instar d'un artiste qui laisse une œuvre majeure avant sa disparition, on peut considérer le projet de fin de vie comme un acte de création et d'amour ultime laissé par le futur défunt.

Aux antipodes du regard souvent dépréciateur et compassionnel qui est posé sur les personnes âgées, handicapées ou atteintes de maladies incurables, l'acceptation par le malade de sa fin de vie interroge sur sa *responsabilité*. La lui confier, ou l'accompagner dans l'acceptation et la formulation de son projet de fin de vie, c'est lui redonner le libre arbitre que la maladie lui a retiré, c'est le dé-victimiser face à l'injustice de la mort, lui redonner une part de son humanité.

Être *responsable*, n'est-ce pas avoir une action sur le monde, pouvoir modifier son écosystème, transformer, créer ? Les religions s'étant arrogé le monopole de la mort, il est difficile de se détacher de la notion passive de destin divin dans lequel le malade n'est que le fruit des mystères impénétrables de Dieu. La notion de projet de fin de vie, à l'inverse, est une approche résolument contemporaine de proactivité, et de responsabilité collective jusqu'au terme de l'existence. On peut même user d'expressions actuelles et parler d'une « co-construction » entre les parties prenantes : le malade, ses proches et aidants, ainsi que tout l'écosystème médical et de soins qui l'entoure. Aidants et soignants ont en effet un rôle majeur à jouer dans la formulation du projet de fin de vie : ils doivent être à la fois lucides et encourageants, sans non plus mettre une pression sur le soin si celui-ci n'a plus d'utilité. C'est un système vertueux où chacun se trouve gagnant pour faire face, collectivement, à la souffrance et à la tristesse. Partager autour de soi son chemin personnel d'acceptation et de responsabilité, c'est enfin rendre la mort au collectif et, du point de vue du malade, retrouver avant son départ une place dans la communauté des hommes.

À nouveau acteur de son destin, le malade, pour suivre ses désirs et objectifs, doit s'affranchir des conventions et des assignations de place. C'est pour lui un moment gratifiant, quoique peu conventionnel, où, malgré sa faiblesse, sa confusion ou son détachement du monde, il lui est donné de rassurer ceux qui vont rester et commencent à pleurer à son chevet. Il va rassurer, cajoler son entourage, pour se sentir utile et essayer de contribuer à réparer ce que la maladie a brisé. En retour, si le malade est encore en conscience, il recevra au centuple ce qu'il a donné dans ce dernier effort d'amour pour montrer à ses proches qu'il parvient à accepter ce qui lui arrive. Il va exprimer une forme de consentement à mourir qui va ouvrir la voie à l'acceptation des autres, et ainsi passer le relais entre les vivants et les morts. Ce dernier acte de responsabilité est iconoclaste dans le sens où le futur défunt n'est plus à considérer comme une victime vulnérable, mais comme un humain libre et entier qui se laisse emporter de son plein gré et redevient l'égal des autres. Pour lui et ceux qui l'entourent, le projet de fin de vie ainsi appréhendé repositionne la mort dans une dynamique collective, bien qu'un malade, contrairement aux idées reçues, ait besoin aussi de solitude pour penser, accepter et formuler, parfois avec ses maigres moyens, ce projet de fin de vie.

Dans ce cadre renouvelé, la mort redevient un objet social et un ciment qui redéfinit nos liens à travers le temps et les générations.

Dès lors, comment faire de ce projet une réalité tangible et réplicable auprès des millions de personnes en fin de vie, âgées et/ou atteintes de maladies mortelles ?

Le poids des conventions sociales qui nous force à nous comporter de telle ou telle façon avec un malade diagnostiqué incurable, une personne fragilisée ou en fin de vie, a généré un tabou qui invisibilise et rend à ce jour totalement impossible la seule idée de projets de fin de vie. Beaucoup d'aidants, de visiteurs d'hôpitaux et même de soignants n'osent pas aborder un tel sujet avec les patients et les malades, lesquels ont eux aussi intégré ces normes et ces conventions pour se les appliquer à eux-mêmes et réprimer la moindre velléité sur ce thème. Pour les plus anciens, les tabous religieux sont si puissants qu'envisager un projet de fin de vie est tout simplement impensable, car associé à une pensée impure et interdite. Comment, dans de telles conditions, assurer des fins de vie dignes et sereines ?

En résumé, l'idée du projet de fin de vie n'est pas forcément de faire tout ce que l'on n'a pas pu faire pendant sa vie ni de rattraper un quelconque temps perdu ; ce n'est pas non plus imaginer une fin de vie fictive sans intégrer l'idée même de fin : c'est d'abord accompagner ceux qui vont rester dans l'acceptation de ce futur tronqué, mais aussi prendre une place dans le collectif plus ou moins large qui sera impacté par notre propre disparition. Prendre cette place en passe par la notion de responsabilité mais aussi d'utilité sociale. On peut même parler de *travail* à faire par le malade incurable et futur défunt. Aucune condition physique ou physiologique particulière n'est requise pour pouvoir faire ce travail. Parfois, avec le peu qu'il reste de capacités cognitives ou physiques, avec le peu qu'il reste de raison, il demeure un espace de conscience qu'il est possible d'activer en étant accompagné.

Avant la mort, la responsabilité est celle de l'*acceptation*, ce qui permet de montrer aux autres son assentiment à la fin de vie ; l'utilité sociale est celle de la *transmission* et de la trace ultime que l'on veut laisser pour bien marquer l'idée d'un début et d'une fin, et donner ainsi une impression de cohérence, réconfortante pour ceux qui restent. Pour le malade, c'est aussi retrouver confiance en soi par l'effort consenti, c'est le plaisir de la générosité, c'est le sentiment d'accomplissement lié à son utilité.

À ce stade, la notion d'utilité peut sembler tout à fait prosaïque ; elle est pourtant essentielle pour bien comprendre ce qu'est un projet de fin de vie. Avoir jusqu'à la fin une place dans le collectif, pouvoir choisir cette place nous permet de mourir en homme ou en femme libre, de façon profondément humaine, connecté aux autres, ceux de la tribu, de la meute, du groupe, connecté à la nature de notre finitude intrinsèque, à l'immense écosystème biologique auquel nous participons depuis des milliards d'années. Projeter à nouveau le futur défunt dans un destin collectif et écosystémique permet de rompre l'infinie solitude de la maladie et de soigner le sentiment d'exclusion auquel est confronté tout malade qui nécessite de nombreux soins et de nombreuses personnes pour survivre.

Il y a de multiples façons d'accomplir ce travail de malade incurable en fin de vie, y compris dans les tout derniers instants où parfois un regard, une pression de la main, une larme peuvent tant signifier pour l'entourage.

De plus, sur la dernière période, en fonction des capacités qu'il reste et de l'implication de l'entourage, une première approche pratique et logistique peut être tentée. Il s'agit de briser le tabou de la toute fin de vie et d'imaginer comment les choses vont se dérouler en termes de choix : de lieu, de type de soins palliatifs, de réflexion concernant les choix proposés dans les directives anticipées officielles, de types d'obsèques, etc. S'il n'est pas tout à fait commun de proposer de s'impliquer dans ses propres obsèques, cela peut pourtant amorcer une logique de prise de conscience, même si celle-ci arrive tard dans le processus. Quoi qu'il en soit, et quels que soient les moyens d'y arriver, l'objectif du projet de fin de vie reste bien de projeter le malade à la fois dans un futur qui propose une résolution et dans un collectif accompagné vers une fin consentie.

Une autre approche se positionnera sur une temporalité plus longue. Pour ce faire, il faut revenir à la phase de diagnostic de maladie incurable. Selon l'espérance de vie moyenne qu'il reste au patient, on peut en avance de phase évoquer la question du projet de fin de vie. Malheureusement, il est rare que cette notion soit abordée si tôt dans le parcours du malade, et on peut le comprendre, les médecins ayant pour vocation de guérir et soigner les patients, de rallonger leur vie plutôt que de l'écourter.

Une dernière approche peut être celle de la transmission, notion qui cristallise à elle seule les concepts d'acceptation, de générosité, de responsabilité et de collectif inhérents à l'idée d'un projet de fin de vie réussi. La transmission a de multiples vecteurs d'expression à sa disposition. Elle est même un but en soi. Transmettre un objet, un souvenir qui a du sens et qui s'inscrit dans une perspective intergénérationnelle, ou même un secret, un proverbe, une langue… sont autant de moyens, petits ou grands, de renouer les destins entre eux et créer une continuité entre le monde des vivants et celui des morts. C'est une façon de partir en laissant une trace ou une mémoire, de continuer de tenir la main pour que personne ne se retrouve seul.

La notion de projet de fin de vie, qui succède au processus de deuil de soi, est en réalité une façon de s'accomplir jusqu'au dernier moment de la vie et de redonner, une fois encore, une dynamique de projet et de futur, même infime, à un processus fini. C'est aussi redonner un pouvoir collectif à la mort dans un ultime élan d'amour, pour partager ce moment plutôt que de le garder pour soi ou dans des lieux fermés, à l'écart de la société, où mort et souffrance sont invisibilisées pour épargner la sécurité émotionnelle de ceux qui ne veulent pas voir cette vérité pourtant si humaine, transcendante et existentielle.

Regardée à travers les prismes de l'acceptation de la mort par le malade, de la formulation de la façon dont celui-ci veut s'accomplir jusqu'à la fin de sa vie – que ce soit par la transmission ou la proactivité concernant sa mort future – et de la façon dont l'entourage, qu'il soit affectif ou médical, remet le futur défunt dans une logique collective pour lui faire sentir son appartenance au groupe, alors oui, la mort est d'une beauté ultime.

Elle ne doit plus être crainte, mais préparée, adoucie, pour être acceptée.

PARTIE III

VERS UN VIRAGE ANTHROPOLOGIQUE MAJEUR

Faire entendre sa voix

Novembre 2022 (suite)

Grâce à ce travail de formalisation du projet de fin de vie, à mon entourage exceptionnellement aidant, à l'équipe médicale et aux corticoïdes, mais aussi un peu par chance, j'ai encore la possibilité de parler… et même de participer au débat qui fait rage sur Twitter en marge des différents projets de loi sur la fin de vie. En tant qu'individu concerné parmi des millions d'autres, et sensibilisé notamment à la situation des personnes âgées du fait de mon travail, je suis révolté par les prétendus experts qui nous affirment à longueur de tweets que, si à l'article de la mort on peut être ému par le sourire d'un enfant ou par un rayon de soleil qui traverse sa perfusion, c'est que la vie est encore là, en soi, et qu'on n'a pas le droit d'en finir si vite. Pour ma part, j'attends sans aucun doute pour mes derniers instants beaucoup plus d'intensité que de petits plaisirs comme le chant des oiseaux et le bruit des feuilles dans les arbres. J'imagine d'abord être utile jusqu'au bout, rassurer, aimer, vivre des moments collectifs et non centrés sur moi. Certains de ces experts autoproclamés de la mort vont même jusqu'à publier des vidéos sur les réseaux sociaux pour montrer à quel point la toute fin de vie, c'est beau... En vérité, ces beaux parleurs sont mus par des pulsions idéologiques religieuses qu'ils s'obstinent à dissimuler, parce que, au fond, ils pensent que nous devons offrir nos souffrances au Seigneur et que seul Dieu décide du moment de la mort des hommes – c'est ce que prône la Bible. Je trouve ce raisonnement tellement archaïque, à l'heure où notre société négocie un tournant majeur, un progrès anthropologique inédit depuis l'IVG.

Je me mêle aux empoignades numériques qui s'intensifient à mesure qu'approchent les débats qui vont être conduits au Parlement, me confronte à cette secte de propagandistes qui vantent les mérites d'une fin de vie en soins palliatifs ; ceux-là diabolisent tout processus d'accélération de la mort, allant même jusqu'à faire de la prévention contre les suicides dans les Ehpad. Le fond de leur pensée est tout simplement d'un autre âge ; selon eux, tant qu'il y a de la vie, il y a une guérison possible. Une guérison... ou plutôt un miracle, que Dieu pourrait décider. Il n'est pas rare de voir des délires complotistes en tout genre étalés sur la Toile, certains assimilant même les médecins à des assassins au service de laboratoires pharmaceutiques.

Peut-être parce que je suis physiquement impuissant et que je ne bénéficie plus de la visibilité que j'ai eue par le passé, je décide que, moi aussi, j'ai des choses à dire. Après tout, je n'ai pas vécu tout ça pour moi tout seul, je dois partager mon histoire. C'est ainsi que, de clash en clash, un média internet, *Konbini*, me repère et me propose de témoigner face caméra de ma situation, de mon projet de deuil personnel et de ma proposition pour un *projet* de fin de vie, par opposition à une simple fin de vie qui se résumerait au débat entre soins palliatifs et euthanasie. Je m'exécute et, à ma grande surprise, la vidéo fait un buzz incroyable. Plus de trois millions de vues, des centaines de messages et d'interpellations : je me réjouis d'avoir suscité autant de réactions. Mais c'est d'avoir été entendu qui me touche le plus.

La vidéo me vaut des milliers de messages, tous plus chaleureux les uns que les autres. Je suis rempli de reconnaissance et de la satisfaction d'avoir pu contribuer à un débat aussi fondamental, à la croisée de la médecine, de la philosophie, de la psychologie et de la religion. Même si mon état fonctionnel et cognitif se dégrade de jour en jour, je me sens prêt intellectuellement à entrer dans la mêlée et, à mon tour, à proposer des choses qui, je l'espère, participeront à faire avancer la société dans le sens d'une plus grande égalité, d'une plus grande liberté. Et d'une plus grande conscience de la mort, qui cohabite pourtant avec nous au quotidien, tantôt sourde, tantôt hurlante.

Pour une société de la mort vivante

Eu égard au contexte sociétal inédit et à la transition démographique à venir, il nous faut inventer de nouveaux regards, de nouvelles conventions et de nouveaux rituels hors des sentiers battus, créer de nouveaux rites de passage et d'initiation, de nouvelles cérémonies, funèbres ou festives, laïques, païennes ou religieuses.

Pour ce faire, deux prérequis sont à prendre en compte. Premièrement, il s'agit de rendre à la mort ses fonctions sociales, biologiques et écosystémiques. Deuxièmement, il faut que cette conscientisation débouche sur des moyens et un arsenal sociétal, juridique et législatif en adéquation avec ces ambitions.

La première difficulté est que la fin de vie et la mort sont situées dans le pré carré des religions, mais aussi de la médecine qui, avec tous les progrès qu'elle fait, repousse la mort. Les religions ne bénéficient toutefois plus d'une diffusion massive de leurs idées et de leurs rituels, ce qui a contribué à faire disparaître la mort de l'espace social et de l'imaginaire collectif. On peut en outre questionner le socle conceptuel inhérent au paradigme religieux, qui peut sembler aujourd'hui obsolète par rapport aux nouveaux besoins sociétaux qui apparaissent dans nos sociétés modernes.

La deuxième difficulté est l'omniprésence de la mort à l'état fictionnel, dans les films, les séries et autres jeux vidéo qui inondent la société de représentations tantôt héroïques, tantôt romantiques ou burlesques, mais toujours fausses et éloignées du quotidien. Même si la mort est l'un des meilleurs ressorts romanesques de la fiction, cette multitude de fantasmes autour d'elle contribue à l'éloigner encore de notre réalité tangible. Dès lors, la question est la suivante : où est la mort, si ce n'est dans la vie quotidienne, si diversifiée et singulière des vivants, sous nos yeux, à la fois vertigineuse et terriblement banale ?

Antoinette – février 1998

Elle avait toujours su que c'était comme ça qu'elle voulait mourir. Dès l'annonce du diagnostic de sclérose en plaques, vingt ans plus tôt, elle s'était mise d'accord sur le signal avec son fils Patrice, afin qu'ils puissent ensemble commencer la procédure de sédation. Après avoir perdu une large part de sa masse osseuse, Antoinette savait que le risque de fracture du col du fémur était très grand, ce qui signifiait une hospitalisation pendant plus d'un mois, et cela, elle le refusait en bloc. Même si elle s'était adaptée à tout ce que la maladie lui avait infligé, elle avait clairement rationalisé et posé les limites de ce qu'elle pourrait accepter dans une vie aussi rétrécie. Certes, il lui restait de bons moments à vivre dans cette belle maison et ce magnifique jardin avec Patrice et tous les proches, mais Antoinette savait qu'à un moment, il lui faudrait avoir la force de dire stop. Elle en parlait rarement avec Patrice, mais tous deux avaient une telle complicité qu'ils s'étaient compris. Et puis le Dr Rolland, qui avait toujours été proche de la famille, s'était longuement entretenu avec elle et avait décidé de les aider dans ce projet qui témoignait selon lui d'une grande lucidité et d'une pleine conscience de la situation.

Le moment venu, munis de l'ordonnance du médecin, le duo avait mis à exécution ce projet mûri de longue date, en pleine concertation. Main dans la main, ils s'étaient allongés sur le lit. Antoinette ayant une conscience aiguë de ce qu'elle avait demandé à son fils, dans un ultime acte d'amour envers les vivants et un dernier souffle de protection maternelle, elle lui avait dit simplement « merci ». Avec l'immense gratitude qu'on lui ait laissé la liberté de choisir, jusqu'au bout.

Gérard – août 2020

Le diagnostic de cancer avait fait l'effet d'une bombe atomique. Mais Gérard allait s'en sortir, c'était sûr. Il était solide comme un roc, inaltérable. Il avait toujours été là pour nous. C'était inenvisageable, il *ne pouvait pas* ni être malade ni mourir. Et puis il restait tellement d'espoir avec tous ces nouveaux traitements… Gérard ignorait que son cancer, de tous était le plus meurtrier ; les médecins à l'hôpital avaient omis de le lui dire. L'idée de mort était donc bien éloignée de lui. Dans sa conception des choses, c'était tout simplement impossible. Et puis avait-il seulement le droit d'y penser ? Trop de gens autour de lui comptaient sur Gérard : ses collègues, ses trois adolescents maintenant jeunes adultes, et son père âgé dont il s'occupait quotidiennement. On le lui avait bien fait comprendre : « Tu dois te soigner, garder le moral, tu ne vas quand même pas te laisser abattre ? » Gérard avait décidé que, quoi qu'il arrive, il devrait donner le change. Aussi allait-il seul à l'hôpital pour les rendez-vous médicaux, ne montrant jamais que les traitements l'épuisaient. Chaque examen, chaque rendez-vous mettait pourtant en évidence une invasion très rapide de la maladie. L'équipe soignante ayant décidé qu'il suivrait toutes les thérapeutiques possibles et imaginables, Gérard ne se figurait même pas qu'il avait le droit de contester. Et puis ces médecins si compétents avaient l'air d'avoir de l'espoir, après tout. Il prenait des « traitements de pointe », lui affirmait-on. Si on le lui disait, c'est que c'était vrai.

La vérité, c'était que ces traitements de plus en plus lourds et récurrents avaient des effets dévastateurs sur le corps de Gérard, mais aussi sur son moral, au plus bas. Il culpabilisait tellement d'avoir de plus en plus de mal à donner le change à tous ceux qui continuaient à le voir comme tout-puissant, ce qu'il avait fini lui-même par croire… Et de s'abîmer encore plus dans l'illusion qu'il n'avait d'autre choix que d'affronter une fin de vie qui s'annonçait pleine de violence et de souffrance. Aucun médecin, aucun proche n'avait songé à lui prodiguer des soins de support, *a minima* un antidépresseur pour lui permettre de tenir. On ne lui parlait jamais de la fin de sa vie ni de sa mort, laquelle était reléguée au statut de tabou ultime qui mettait en colère tous ses proches quand il l'évoquait à demi-mot. Gérard était coincé entre les médecins qui s'acharnaient et son entourage qui refusait d'admettre l'indicible. Conscient de s'être laissé piéger dans ce jeu de dupes qui le faisait tant souffrir, il savait qu'il était en train de rater la fin de sa vie et que, sans projet, sans la capacité d'exprimer le fait que sa mort approchait, il ne pouvait plus livrer aux autres ses sentiments. Au fond, tout le monde était piégé dans un déni total.

Qui l'amènera à finir sa vie aux urgences d'un hôpital délabré, en pleine période de pénurie et d'épidémie. Lui-même pensait que peut-être, si on l'amenait là-bas, c'est qu'il y avait encore un dernier espoir de guérir. Sur son lit d'hôpital au milieu du couloir où dans la nuit il allait succomber, Gérard comprit qu'il ne laisserait de lui qu'une immense tristesse, et son aveuglement face à la réalité de la mort. Pourquoi avait-il perdu autant de temps ? Il mourut dans un dernier souffle plein d'amertume et de regrets, en objet de soins et non pas en homme libre.

Michelle – novembre 2021

Michelle avait toujours été contre le système et les normes établies. Elle avait un caractère en acier trempé et avait toujours mis un point d'honneur à être une femme libre et indépendante. C'était une battante, comme on n'en trouve que dans cette génération de « *boomers* » militants et pionniers qui sont si critiqués de nos jours. C'est pourquoi, quand la maladie s'était déclarée, c'est une véritable guerre qui avait été déclenchée. Le choix avait été clair dès l'annonce du diagnostic mortel : Michelle décidait de se battre comme l'amazone qu'elle était devenue. Elle se battrait quoi qu'il en coûte, quelles que soient les souffrances qu'elle allait devoir endurer et les traitements qu'elle allait devoir subir. Avec sa fille Cécile, elle partageait sa stratégie : elles feraient bloc toutes les deux, et avec Joris, le fils de Cécile. Ils formaient une armée solide et motivée contre la maladie, ignorant à ce stade que la lutte serait si longue et si ardue. En cheffe de guerre, Michelle voulait avoir l'espoir de vivre encore, et aussi lancer un défi à cette maladie qui l'avait attaquée. Elle voulait combattre avant tout pour la vie, pour Cécile et pour Joris.

Pendant de longs mois, la maladie ravagea tout sur son passage, provoquant de multiples complications qui obligeaient Michelle à subir de nouveaux soins invasifs, à l'origine de douleurs très intenses qu'elle continuait à accepter avec stoïcisme. Pourtant, Michelle savait pertinemment qu'elle n'était pas une héroïne. D'un côté, elle était mue par cette puissance de vie qu'elle voulait pousser jusqu'au bout, ce qui impressionnait beaucoup son entourage ; de l'autre, et parce qu'elle était croyante, elle voulait peut-être aussi respecter le destin qui était le sien. Pour elle, la vie était sacrée, on la lui avait donnée et elle devait la préserver comme un trésor. Elle avait fait ce choix radical de tenir jusqu'au bout, à tel point que les médecins expliquaient à Cécile qu'il fallait que Michelle lâche un peu de lest par rapport aux souffrances qu'elle s'infligeait. Mais elle ne voulait rien entendre : la vie était encore là, il fallait la maintenir.

Michelle attendit encore quelques semaines, qu'elle voulut passer avec ses enfants, pour lâcher prise et se décider à rejoindre enfin un centre de soins palliatifs. Elle avait voulu vivre jusqu'au dernier instant, quelles qu'en soient les conditions. C'était son choix, sa volonté. Sa liberté. Et elle en était heureuse, comme le montrerait ce dernier sourire sur son visage apaisé.

Ces trois récits, tous authentiques et véridiques, nous montrent combien la mort des hommes dans notre civilisation s'intrique finalement avec la notion de liberté. Plutôt que de voir la mort comme un point final inexorable, n'est-il pas possible de l'appréhender comme l'aboutissement supérieur de notre libre arbitre et de notre conscience d'être humain ? Autrement dit notre capacité à nous projeter dans le futur et à anticiper notre fin ? La liberté de nous accrocher ou non à notre pulsion de vie biologique, à nos croyances divines et à nos religions ? La liberté de choisir la souffrance du déni, ou le bonheur de la transmission et de la continuité envers nos prochains ?

Tous ces choix possibles, comme autant d'opportunités d'exprimer son libre arbitre, sont en réalité cristallisés dans la notion même de mort, envisagée comme un moment unique. Celle-ci n'est alors plus à concevoir comme une fatalité, mais comme une chance. Dans cette optique, la mort devient en effet un infini espace de liberté, de créativité et de transmission.

Pour lui rendre son statut d'objet social et commun, il nous faut donc nous affranchir des conventions et des normes, qui ne sont en fait que de biens maigres digues face à nos peurs archaïques et ancestrales.

Notre rapport à la mort semble constituer le point nodal des nombreuses problématiques auxquelles sont confrontées nos sociétés industrielles actuelles, au progrès mal maîtrisé et à l'individualisme exponentiel. En envisageant la mort sous cet angle nouveau, on lui redonnerait des fonctions sociales nobles ; elle redeviendrait un bien commun, prétexte à nous rassembler, nous inclure, nous replacer dans un véritable écosystème du vivant, et peut-être même nous aider à refaire société. Et c'est en quoi émanciper la mort des pratiques et conceptions contemporaines, religieuses ou médicales, pourrait constituer un virage vers une société d'innovation et de progrès.

À l'aune de ce nouveau paradigme, la première fonction de ce moment unique de la mort acceptée et conscientisée est le renforcement de la cohésion sociale, d'abord au sein de la première société qu'est la famille, puis, par propagation, au sein de la société tout entière. Si l'on considère le moment de la mort comme un moment de transmission privilégié, alors le temps de la mort est celui d'une concentration d'échanges émotionnels, affectifs et mémoriels. S'entend par « temps de la mort » le temps plus ou moins long que prendra le deuil de soi, ou la formulation du projet de fin de vie. Ce moment si spécial, unique dans la vie – et heureusement plutôt rare dans la vie de ceux qui entourent le malade incurable –, est un véritable pont générationnel. Il peut servir de liant, mettant en synchronisation différents individus ayant un point de convergence qu'est le futur défunt. Ce processus de mise en commun permis par la mort est un vecteur de cohésion qui renforce le groupe, sa mémoire et son expérience. L'événement le plus récent témoignant de ce phénomène est le décès de la reine Elizabeth II d'Angleterre. D'ailleurs, le moment charnière que représentèrent sa mort et ses obsèques en termes de cohésion sociale avait été associé à l'expression « *London Bridge is down* » (« Le pont de Londres est tombé ») par les Anglais.

La deuxième fonction est de repositionner l'être humain dans sa condition naturelle et de nous remettre en phase avec la notion d'écosystème auquel nous participons. La société moderne d'abondance et de consommation nous a largement fait oublier, au cours de ces soixante dernières années, à quel point nous étions dépendants d'un système fini de ressources pour assouvir nos besoins. Cette surexploitation a eu pour effet de nous donner l'illusion, au contraire, que le progrès technologique et industriel était infini, nous faisant même prendre le risque de détruire définitivement notre habitat naturel. Surtout, cela a contribué à nous entretenir dans la certitude que notre monde n'avait pas de fin, gommant ainsi définitivement les notions de finitude et de mort de nos champs de vision et de conception. Quoi de plus naturel, pourtant, que le cycle de la vie et de la mort dans notre histoire humaine, biologique et civilisationnelle ? Il nous faut être capables d'humilité, et nous considérer à nouveau comme étant la toute petite partie d'un tout. Nous forcer à mettre notre singularité et nos égos en retrait pour mieux nous connecter à l'écosystème auquel nous appartenons. Le simple fait d'avoir en tête cette évidente pensée lors des moments tragiques liés à la maladie mortelle apporte un grand apaisement au malade – et à son entourage ; il peut alors raccrocher l'histoire de sa vie à celle d'un cycle tellement plus large que lui, et donner ainsi un sens à ce qui peut être perçu comme une injustice ou une tragédie, sources de colère. Pour mettre en branle ce mécanisme, une certaine connexion avec les phénomènes naturels est nécessaire, et c'est en les observant avec distance que l'on peut déceler en quoi la mort du vivant présente une utilité pour la poursuite du cycle. Par extension, cette vision écosystémique et écologique de la mort, pour autant qu'elle soit partagée entre toutes les parties prenantes et fasse l'objet d'images et de représentations dans notre culture, peut contribuer par ricochet à une forme de transition écologique et environnementale facilitée. *A minima* participer à la préparation d'un socle conceptuel partagé qui favorisera la mise en œuvre de réponses techniques et scientifiques dans le futur.

Enfin, une troisième fonction secondaire découle de ce changement de paradigme : une contribution à la transition démographique et à l'inclusion des aînés dans la société. En rendant à la mort des fonctions socialement contributives, et en en positivant les conventions et images associées, on génère un impact immédiat sur cette catégorie importante de la population que sont les personnes âgées et en fin de vie, lesquelles incarnent la dernière apparence que le corps humain revêt avant son terme. Cette donnée est essentielle pour comprendre pourquoi les vieux, les indigents ont été éloignés et invisibilisés dans la société. En changeant de regard sur la mort, on change aussi de regard sur le vieillissement et la maladie, ajoutant ainsi une fonction inclusive aux fonctions cohésive et écologique.

Deuil de soi, formulation d'un projet de fin de vie, émancipation des conventions et des monopoles religieux, fictionnels ou médicaux, revalorisation du temps de la mort comme temps riche de liberté et de sens, prise en considération des trois fonctions que la mort peut jouer dans nos sociétés contemporaines – renforcement de la cohésion sociale, conscientisation de notre participation à un écosystème du vivant, inclusion et équité pour les plus vieux et les plus fragiles : il n'en fallait pas moins pour redonner à la mort sa place d'objet social partagé et universel, réadapté aux nouvelles donnes du XXIe siècle, siècle qui va devoir prendre à bras-le-corps ces impensés émergeant des transitions nouvelles et inédites qui nous traversent. Pour l'avenir.

Lâcher prise

Décembre 2022 et janvier 2023

J'ai beau avoir fait tout ce travail de conceptualisation sur la place de la mort dans nos sociétés, ma réalité à moi, face à la nuit, au brouillard de l'hiver et aux troubles neurocognitifs de plus en plus envahissants chaque jour, est plutôt terrifiante.

D'abord, j'ai rencontré le médecin coordonnateur des soins palliatifs en zone rurale. J'ai la chance que, dans ce petit village perché dans la montagne ardéchoise, il y ait une unité de soins gériatriques et palliatifs dans une annexe de l'hôpital du canton. Lors de cette visite, j'ai ainsi mis les pieds pour la première fois dans ce qui sera mon dernier lieu de vie avant une probable sédation profonde. Les crises d'épilepsie, les douleurs intenses, les chutes et les pertes de connaissance étant dorénavant mon plus gros risque, je suis rassuré pour mes proches de savoir que je pourrai réintégrer un lieu médicalisé pour finir ma vie. Cela faisait partie de la planification concrète de mon projet de fin de vie.

En attendant, le verdict du médecin est sans appel : la maladie a connu une belle évolution ces dernières semaines. En mettant les formes, il me dit très gentiment que mes nouveaux troubles spatiotemporels, de confusion, d'orientation et de mémoire ont un autre nom : la démence sénile. Ce qui signifie qu'à bientôt 44 ans, j'ai les troubles d'une personne de 90 ans atteinte de la maladie d'Alzheimer au stade 4. Ironie du sort, j'ai encore la capacité de comprendre ce qui m'arrive, n'ayant pas totalement perdu la raison. Me voici donc devenu le personnage principal d'un film de science-fiction en même temps que son seul spectateur. Mon cerveau intègre des informations de type mémoriel, sensoriel ou spatiotemporel, les défragmente puis les redistribue de façon aléatoire, et surtout déstabilisante, dans mon présent. C'est ainsi que je ne reconnais plus les lieux familiers ; je suis incapable d'accrocher des souvenirs, même proches, à des situations ; je me réveille la nuit sans savoir où je suis ; j'ai l'impression d'une éternelle répétition des événements, et ce plusieurs fois par jour ; il me semble revivre des épisodes traumatiques vécus il y a plusieurs mois, à cause d'une odeur, d'une lumière, d'une pensée qui me traverse l'esprit. Ces voyages spatiotemporels et sensoriels me donnent la nausée et le vertige.

La tumeur a choisi d'envahir les zones neurocognitives plutôt que des zones motrices et du langage. Le système nerveux central commence cette fois à être sérieusement attaqué. J'ai l'impression que la dernière manche du match a réellement commencé. À mesure qu'ils s'aggravent, mes troubles cognitifs engendrent beaucoup d'anxiété et de problèmes fonctionnels. J'ai ainsi fait une chute de plusieurs mètres en pleine nuit, et me suis abîmé les articulations, ce qui a réduit encore davantage mon autonomie. Je me perds dans les chemins et les forêts qui bordent l'endroit où je vis, et que je connais pourtant depuis si longtemps. Les nuits nuageuses et venteuses de l'hiver me font peur, comme si j'entrais dans les ténèbres. Parfois, j'ai même l'impression de partir, d'avoir un pied dans la vie et un autre dans la mort. Il m'arrive d'ailleurs de rêver que je meurs : je suis un flux d'eau de source glacial qui passe par le robinet de cuivre d'une fontaine en pierre séculaire, au centre du village ; je perçois très distinctement le moment où le flux que je suis franchit la frontière du robinet pour se déverser dans le bassin en pierre ; une fois ce passage effectué, j'attends autre chose, comme une tornade neuronale ; mais c'est tout, c'est fini, je suis passé de l'autre côté. Je me dis que si les choses pouvaient se dérouler comme cela, de façon simple et fluide à la fois, ce serait assez facile. Mais en même temps c'en était fini, et c'était terrorisant.

Malgré le travail que j'ai accompli sur le deuil de moi-même ou sur mon projet de fin de vie jalonné et partagé avec tout mon entourage, malgré ma conscience aiguë de ma pulsion biologique qui continue à me maintenir accroché à cette vie réduite de jour en jour, je crois qu'en réalité je ne sais plus vraiment ce que je veux. Mourir dans la gloire d'avoir maîtrisé ma mort comme j'ai maîtrisé ma vie ? Mourir en héros, supporter des souffrances monstrueuses et savoir y faire face ? Mourir dans le calme d'une piqûre délibérément faite pour injecter la mort dans mon cœur ?

Par ailleurs, arrivé aux extrêmes, je suis désormais rattrapé par un phénomène nouveau auquel je ne m'attendais pas forcément : j'ai *peur* de mourir. Cette peur n'est pas intellectuelle, elle est d'ordre viscéral et animal. Elle crée en moi un effroi abyssal et spectaculaire, me reliant aux cosmogonies les plus anciennes. Je touche du doigt la peur génétique que n'importe quel vivant a dans son patrimoine, un mélange de peur panique et d'attente, de subjugation et de terreur, de fuite et de désarroi. Je suis comme une mouche qui se cogne désespérément contre les vitres d'une fenêtre parce qu'elle panique de voir arriver sa mort prochaine, et qui croit en même temps que cette lumière sera son salut pour vivre encore. Elle ignore que c'est faux, elle y croit comme à une vérité absolue, comme on pourrait croire en Dieu. Est-ce que, à cet instant, la mouche veut qu'on la tue ? Ou bien souhaite-t-elle mourir de ses souffrances et de son épuisement de lutte ? Jusqu'où aura-t-elle l'illusion de pouvoir vivre encore ? Finira-t-elle par baisser les ailes ? J'en suis exactement au même point que cette mouche. La seule certitude que j'ai à ce moment précis, c'est que mon destin est inexorablement orienté vers la mort. Mais quelle mort ? *Libre*, à tout le moins.

Je ne vis plus vraiment, mais je ne m'en rends pas compte : le fait d'être, comme un oignon, dépouillé de couches et de couches d'histoire personnelle et d'identités multiples éloigne tellement de moi ma vie d'avant que celle-ci n'est quasiment plus accessible à ma mémoire immédiate. Je ne suis plus la même personne, j'ai l'impression d'être dans une autre vie, terriblement différente de celle de la personne que j'ai été. Dans mes dialogues avec moi-même, je ne sais plus avec qui je parle, du moins je ne connais plus cette personne, un peu comme un ex qu'on revoit et avec lequel la familiarité n'a pas totalement disparu, mais s'est estompée.

Je suis dans une parenthèse qui m'aurait paru si minuscule et dérisoire il y a encore un an que jamais je n'aurais accepté le quart de cette vie diminuée qui se déroule sous mes yeux impuissants. Impuissants, et pourtant conscients encore des privations quotidiennes et des frustrations de n'être plus celui que j'ai été et avec lequel j'essaie de resserrer les liens. Pour sentir encore en moi l'impression d'unité et d'individualité que la maladie n'a de cesse de dissoudre comme le ferait de l'acide.

Ce n'est pas triste en soi, mais cela donne le sentiment d'être déjà dans un autre monde, un monde d'après, à distance du présent actuel.

Je parviens toutefois à me préserver des moments de beauté, de calme et d'apaisement. Tout d'abord parce que je vis dans la nature, qui est une source intarissable d'inspiration et de sérénité. Ensuite parce que j'essaie de garder le contact avec le monde extérieur et que je fais en sorte d'être toujours bien entouré. J'évite d'être seul, quand bien même la compagnie que j'ai n'est pas forcément humaine. Je regarde des films, j'écoute de la musique, je continue à me cultiver et surtout à m'informer de ce qui se passe dans le monde. Comme un point d'accroche avec le présent réel qui s'évanouit petit à petit.

Je ne souffre pas vraiment mais je ne peux plus vivre du tout sans l'aide quotidienne de mes proches et un environnement totalement adapté à mes troubles. J'ai surtout peur de faire subir aux miens une crise de démence, puisque telle est dorénavant la stratégie d'expansion de la maladie. Mon dysfonctionnement neurocognitif s'apparente de plus en plus à une forme de folie ; j'ai beaucoup de tocs, passe énormément de temps dans une journée à vérifier la fermeture des portes, des interrupteurs, des robinets du gaz… oubliant à chaque fois ce que je viens de faire, ou pas ; j'ai souvent le sentiment d'être persécuté par le bruit, la lumière et tout ce que je perçois comme des nuisances mais qui n'en sont pas réellement. Il m'est de plus en plus difficile de mobiliser ma raison pour faire cesser ces troubles, qui sont aussi d'ordre psychique. Plus simplement, j'ai peur du lendemain.

*

– *Pars ! Pars ! Laisse-moi tranquille !*

– *Après qui hurles-tu, comme ça, tout seul, de nuit dans la forêt ?*

– *Mais après toi, saloperie de tumeur !*

– *Mais je ne suis plus toute seule, tu sais : nous sommes plusieurs, et on est très bien installées dans ta zone cognitive.*

– *J'ai besoin d'évacuer ma colère, ma révolte.*

– Oui, je comprends, tu es devenu mon objet. C'est moi qui tire les ficelles de ton cerveau, maintenant. Et, tu le sais, je ne suis pas là pour te faire du bien…

*

Des gens m'ont dit qu'il fallait que je prenne soin de moi. J'ai pensé d'abord qu'ils entendaient par là des soins de confort ou de bien-être. Mais c'est avant tout d'introspection psychique individuelle dont j'ai besoin, de solitude également, élément auquel on pense peu pour l'accompagnement d'un malade ou d'une personne en fin de vie. Ces ressources sont en moi, dans la simple réflexivité que nous, humains, possédons. Grâce à notre intelligence et à notre conscience.

*

Elle avance en trottinant devant moi, faisant craquer la neige et la glace sous ses grosses pattes. Elle repère de-ci, de-là les odeurs et le passage des gibiers d'hiver. Cette chienne noire m'inspire beaucoup du fait de ses grandes capacités d'adaptation et par la façon dont elle exploite les ressources que la nature lui a données. Elle a compris que je suis devenu malvoyant et elle me guide dans les forêts gelées, guettant mes faits et gestes pour pouvoir intervenir au besoin. C'est en vertu de cette compétence que nous disons en riant qu'elle est une véritable « sémiotichienne ». Du fait de son cerveau de chien, elle sait prendre la vie exactement comme elle arrive, sans être encombrée ni par le présent, ni par le passé, ni par le futur. Elle peut subir toutes sortes de situations sans jamais avoir la tentation de les comparer à ce qui pourrait être mieux ou moins bien. Elle n'a pas de modèle ou d'aspiration inatteignable, juste des besoins primaires à satisfaire. Elle n'a pas d'états d'âme existentiels, contrairement à moi en ce moment précis.

J'ai toujours beaucoup cru au biomimétisme pour améliorer la vie des hommes. J'en ai encore la preuve avec cet animal, à la fois merveille d'évolution et source infinie d'inspiration. En plus d'être cette source inépuisable de réassurance et de réconfort.

*

Tous ces petits bonheurs du quotidien suffisent à me donner l'illusion d'une vie normale et épanouissante. Ce qui est plus difficile à gérer, c'est l'irrégularité de mes troubles et l'impossibilité de programmer des tâches spécifiques dans une journée où je ne sais jamais dans quel état je vais être. Ce système de va-et-vient émotionnel et physiologique, je le perçois comme plutôt sadique.

D'un côté, je vis de très beaux moments pleins de beauté et d'intensité, j'ai même parfois l'impression de vivre ma meilleure vie avec tous ces médicaments palliatifs qui gomment mes symptômes les plus visibles, et tous ces proches qui s'occupent de moi, me témoignent leur amour, leur affection, et me donnent l'illusion que la vie est encore belle et longue. En somme, qui me donnent encore le goût de vivre.

De l'autre côté, tout m'est enlevé : un vertige, un malaise ou tout autre état de mal-être liés à la maladie, et voilà revenue l'envie d'en finir le plus vite possible. Surtout, je m'interroge sur le fait de me contenter de si petites choses : la vie peut-elle tenir avec ce genre de bricolages, minuscules et dérisoires ?

Ce système de balancier ambivalent entre vie et mort, passé, présent et futur, niveau individuel et collectif est épuisant. Néanmoins, j'ai conscience que ma situation est exceptionnelle, du point de vue physique aussi bien que matériel. Mais je m'interdis de culpabiliser si d'autres ne peuvent pas profiter des mêmes conditions de fin de vie que moi.

Je préfère agir concrètement pour que ce soit le cas.

LETTRE
AU LÉGISLATEUR

Le 21 décembre 2022

Madame la Présidente,
Monsieur le Président,
Mesdames et Messieurs les Députés et Sénateurs,

Je vous fais une lettre que vous lirez peut-être si vous avez le temps…

Je m'en vais déserter la mort telle que vous me la proposez.

J'aspire à une mort libre, consciente et consentie.

Je ne veux pas quémander l'autorisation de mourir auprès des médecins.

Je ne veux pas souffrir inutilement.

Je veux choisir le moment et l'endroit.

Je forme le vœu que mes proches et mon entourage soient en accord avec mon choix : personne ne peut juger s'il est trop tôt pour moi, ou trop tard, si je suis encore en bon état ou pas. Si j'en ai encore la faculté cognitive, je dois être le seul à pouvoir juger de mes souffrances psychiques, à pouvoir déterminer s'il y a encore suffisamment de vie en moi pour mourir ou pour guérir.

Je ne veux pas qu'on me donne de l'espoir ou qu'on me fasse croire au miracle de la science ou de Dieu.

Je veux être le seul décisionnaire de mon instant final, qui est l'aboutissement de ma vie et donc de mon libre arbitre.

Je veux que chaque citoyen français puisse bénéficier des mêmes conditions d'accès à une fin de vie choisie, dans une observance stricte de nos principes d'égalité et de laïcité.

Je ne pense pas que le débat doive être réduit à la dichotomie entre liberté et vie, ou à celle entre dignité et abandon.

Il faut tout faire pour que les débats n'ouvrent aucune brèche à une pensée complotiste, quelle qu'elle soit.

Je m'adresse à vous en tant que futur défunt, au terme d'un long parcours de soins lié à une maladie mortelle et incurable.

Je voudrais, à travers cette lettre, vous dire tout ce dont j'ai bénéficié, qui m'a aidé jusque-là à supporter ce chemin et à me sauver la vie. Mais aussi ce qui m'a manqué.

Vous êtes les mandataires du peuple français pour changer les lois. Vous allez intervenir dans un contexte favorable pour impulser un véritable changement dans notre société : légiférer sur la fin de la vie humaine.

C'est pourquoi, avant de vous quitter, je me permettrai de vous faire quelques suggestions, comme l'aspirant parlementaire que j'ai été avant l'attaque d'un glioblastome de type 4.

Tout d'abord, et il me paraît très utile de vous le rappeler, j'ai été pris en charge par l'hôpital public, qui a accompli à mon égard des miracles absolus, tant sur le plan technique que d'un point de vue humain. La maladie dont je souffre emporte les gens en trois à cinq mois en moyenne; or voilà presque un an que j'ai été diagnostiqué.

Les soins dont j'ai bénéficié dans différents services de neurologie, neurochirurgie ou encore oncologie m'ont d'une certaine manière permis, malgré les contraintes et les traitements, de passer la plus belle année de ma vie.

L'hôpital public est un trésor national, tout comme les gens qui y travaillent, ceux qui y font de la recherche. Ce trésor, comme les joyaux d'une couronne, représente le patrimoine d'une civilisation, et toute l'intelligence humaine, l'efficacité d'un État, la volonté des décideurs politiques et économiques doivent être pleinement et prioritairement mobilisées pour la sauvegarde et la réussite de cette mission.

Je sais que, contrairement à ce que dit l'adage, la vie a un prix – et ce n'est pas le comptable public qui me contredira. Sauf que l'hôpital, c'est bien plus que cela : c'est la mise en œuvre concrète de notre principe suprême d'égalité. L'hôpital public ne discrimine pas; il te soigne, qui que tu sois, d'où que tu viennes. Je ne parle pas de sauvegarder la vie à tout prix, au-dessus de tout autre principe : je parle d'incarner l'idée de République, d'en construire la réalité concrète et tangible dans un système tout entier dévoué à sa mission, quel qu'en soit le coût personnel pour ses agents et ses responsables.

De la naissance à la mort, l'hôpital public est aussi le siège collectif de notre conscience d'être humain, puissance biologique surévoluée, entité dotée d'une intelligence qu'aucune autre créature terrestre ne possède. C'est au sein des couloirs de l'hôpital, dans chaque chambre, au fin fond des blocs et des sous-sols que chaque patient, chaque soignant appréhende cette profondeur existentielle du quotidien. En ce sens, l'hôpital est une véritable *maison de l'humanité.* Comment, dès lors, laisser se déliter une institution qui nous permet de sceller un tel pacte entre toutes les couches de la population, entre la puissance publique et les plus vulnérables ? Pour faire société, elle est l'un de nos piliers les plus précieux. L'un des plus fragiles aussi, probablement.

Si je vous fais ce panégyrique, c'est aussi parce que j'ai eu accès à tous les nouveaux traitements qui pouvaient exister en rapport avec ma maladie, et que j'ai pu par ailleurs intégrer des protocoles de recherche clinique de pointe. Je ne veux pas que vous oubliiez qu'un tel lieu de progrès accessible à toutes et tous est unique dans le paysage sociétal.

Mais je le rappelle ici : j'y ai vu pleurer des infirmières parce que le nouveau matériel fourni par l'hôpital avait été acheté en Chine à moindre coût et ne fonctionnait pas. J'y ai supporté l'absence de soutien psychologique et psychiatrique parce que le budget ne permettait pas d'y affecter un titulaire, ce qui m'a obligé à consommer des psychotropes dont j'aurais pu me passer. Et que j'ai d'ailleurs dû attendre plus de deux jours, car seule une infirmière de pratique avancée était habilitée à me les prescrire, en accord avec le médecin interne qui lui-même n'était pas là assez souvent. J'y ai également entendu se faire réprimander du personnel d'entretien pas assez formé et si mal payé qu'il n'avait plus aucune motivation à venir travailler. J'y ai attendu trois fois plus de huit heures, car j'avais dû repasser par les urgences afin d'être hospitalisé.

Cette institution qu'est l'hôpital repose en grande partie sur la puissance de la volonté, de l'engagement et de la vocation des individus exceptionnels qui y travaillent, en plus de leur science et de leur immense expertise. Aussi, n'est-il pas venu le temps de rénover et de réformer ce magnifique système humain au service de la communauté des hommes ? Au nom de la vie, au nom de notre solidarité si typiquement humaine ?

Si l'État français a réussi à financer deux ans d'arrêt total de notre économie, ne peut-il pas prévoir et planifier, comme on le faisait il y a encore soixante ans pour le nucléaire, l'industrie automobile ou pour accompagner l'émergence des classes moyennes, un plan de sauvegarde de notre hôpital public, de revalorisation massive des salaires et d'attractivité des métiers du soin et de la médecine ? Loin de moi, alors que je sais que vous y travaillez ardemment, l'intention de vous fâcher, mais il me tenait à cœur de vous rappeler que cela ne va pas assez vite.

Venons-en à présent à l'objet principal de cette lettre : le projet de loi sur la fin de vie que vous êtes, je le sais, en train de préparer.

En préambule, revenons à la convention citoyenne que vous avez lancée, et à la question posée à nos concitoyens tirés au sort :

Le cadre d'accompagnement de la fin de vie
est-il adapté aux différentes situations rencontrées,
ou d'éventuels changements devraient-ils être introduits ?

Autrement dit : le cadre légal actuel permet-il de répondre à toutes les situations, aussi personnelles et complexes soient-elles ?

Ce cadre, rappelons-le, c'est celui de la loi Claeys-Leonetti de 1999, 2005 et 2016, qui pourrait se résumer ainsi selon le ministère de la Santé :

Sans légaliser l'euthanasie, la loi indique que les traitements ne doivent pas être poursuivis avec une « obstination déraisonnable » et fait obligation de dispenser des soins palliatifs.

Des traitements antidouleurs efficaces peuvent être administrés en fin de vie, même s'il en résulte une mort plus rapide.

Toute personne en phase terminale peut décider de limiter ou d'arrêter les traitements.

Si le malade est inconscient, l'arrêt ou la limitation du traitement ne peuvent être décidés que dans le cadre d'une procédure collégiale et après consultation d'un proche ou d'une « personne de confiance » préalablement désignée par le malade.

Le statut de la personne de confiance est renforcé et son avis prévaut sur tout autre avis non médical.

Il doit également être tenu compte des directives anticipées formulées par le malade (à condition qu'elles aient été exprimées moins de trois ans avant la perte de conscience).

La loi du 2 février 2016 permet de mieux répondre à la demande de mourir dans la dignité, par une meilleure prise en charge de la souffrance et en clarifiant l'usage de la sédation profonde et continue jusqu'au décès, en phase terminale.

Elle permet également de conforter la place de l'expression de la volonté du patient dans le processus décisionnel, et en particulier des « *volontés précédemment exprimées* » par celui-ci.

Concrètement, la loi permet de réaffirmer le droit du malade à l'arrêt de tout traitement ;

de rendre contraignantes les directives anticipées pour les médecins et de développer celles-ci en les formalisant ;

de prendre en compte les volontés exprimées par écrit sous la forme de ces directives formalisées éventuellement contraignantes, et d'en assurer l'accessibilité ;

à défaut de l'existence de directives anticipées, de prendre en compte l'expression des volontés exprimées par le patient portées par le témoignage de la personne de confiance ou, à défaut, par tout autre témoignage de la famille ou des proches.

Il s'agit aussi d'améliorer l'accès et l'utilisation des directives anticipées pour les professionnels de santé et le public, de mettre à disposition un modèle de directives anticipées qui pourra être rédigé de préférence avec l'aide du médecin ;

d'enregistrer les directives anticipées pour faciliter leur accessibilité et développer l'information.

Pour les professionnels de santé, ce qui change :

Une obligation pour les professionnels de santé de mettre en œuvre tous les moyens à leur disposition pour que toute personne ait le droit d'avoir une fin de vie digne et accompagnée du meilleur apaisement possible de la souffrance (article 1 de la loi) ;

une prise en charge de la fin de vie qui renforce les droits des patients ;

une meilleure prise en compte de la souffrance réfractaire du malade en phase avancée ou terminale par des traitements analgésiques et sédatifs ;

une obligation pour le médecin de respecter la volonté de la personne – après l'avoir informée des conséquences de ses choix et de leur gravité – de refuser de recevoir un traitement (article 5 de la loi) *;*

un rôle renforcé d'information des professionnels de santé auprès de leurs patients sur la possibilité et les conditions de rédaction des directives anticipées.

Ainsi, s'il est possible de recourir à des médicaments afin de diminuer la vigilance face à une situation vécue comme insupportable par le patient, en revanche l'euthanasie et le « suicide assisté » ne sont pas autorisés.

La sédation profonde est inaccessible aux personnes atteintes d'une maladie invalidante mais non létale à court terme, comme les maladies neurodégénératives. Cette sédation comportant l'arrêt de l'hydratation et de l'alimentation, les patients doivent être atteints d'une maladie grave et incurable et d'une souffrance qui résiste aux traitements (ou être en demande d'un arrêt des traitements qui entraînerait une souffrance insupportable) pour en bénéficier.

Tout cela, on me l'a expliqué et proposé, mais j'en expérimente quotidiennement les limites et la complexité.

Voilà pourquoi je vais me permettre de vous proposer quelques améliorations et optimisations qui s'appuient sur mon vécu personnel, et aussi sur mon désir chaque jour plus fort de mourir comme j'ai vécu dans mon pays : en citoyen libre !

En premier lieu, je voudrais proposer quelques principes de base qui pourraient servir à renforcer l'esprit de la loi, ou plus largement une philosophie générale qui permettrait d'homogénéiser les différentes mesures légales qui en découleront.

En posant de grands principes qui ne sont pas si explicites dans la proposition actuelle, nous pourrons alors poser les fondations d'un édifice commun, renforcer la pédagogie et la diplomatie dont il faut faire montre sur un sujet aussi sensible et existentiel.

1. Conscience, responsabilité et anticipation

Le sujet qui nous occupe possède deux caractéristiques.

Il a trait, la plupart du temps, à des maladies incurables dont le diagnostic est posé parfois très en avance de phase, à distance de la fin de vie.

Ensuite, la loi mise à jour s'appuie beaucoup sur les directives anticipées ; celles-ci sont même une condition *sine qua non* pour bénéficier des aménagements proposés dans la loi.

On peut déjà mettre en évidence des écueils importants, pointés par de nombreux spécialistes du sujet. Je ne reviendrai pas ici sur le déficit d'unités de soins palliatifs à l'échelle nationale, ni sur les formulations floues qui relèvent davantage de la perception du patient en fin de vie que de critères médicaux objectifs, ni sur la liste des maladies réputées incurables qui est par nature non exhaustive et génératrice d'injustices en termes de dispositifs proposés.

Cette loi assimile en outre la période de fin de vie aux derniers jours ou aux dernières heures du malade mourant. Or, dans le cas des maladies incurables concernées, cette période peut durer plusieurs semaines.

Ensuite, le principe de sédation profonde paraît très ambivalent, car ce n'est là qu'une parade pour forcer une mort naturelle dont on ne sait pas si elle sera douloureuse, violente ou psychologiquement insoutenable, dans la mesure où nous n'avons aucune possibilité de savoir ce que ressent le patient dans cette phase d'agonie qui peut, elle aussi, durer plusieurs semaines.

On peut comprendre pourquoi il a fallu élaborer ce raisonnement complexe autour de la mort naturelle : les médecins et les soignants n'ont pas, rappelons-le, pour vocation d'arrêter la vie. Je comprends par ailleurs totalement l'immense difficulté qui est la leur face à l'abîme existentiel dans lequel ils sont plongés aussitôt qu'ils sont confrontés à la réalité de la mort voulue, désirée, légale et institutionnalisée.

Sans prétendre que c'est LA réponse à tous ces épineux problèmes, je pense que rien ne nous empêche aujourd'hui d'oser aborder ce sujet sous l'angle de la *conscience* et de la *responsabilisation* du malade accompagné, pas uniquement à la toute fin de sa vie, mais au cours d'une période plus longue où il pourra :

– être *acteur* d'un véritable projet de fin de vie ;

– alléger son entourage et les équipes médicales du flou concernant ses volontés et sa lucidité réelle quant à la portée de ses choix, eu égard aux possibilités offertes par la médecine palliative et de fin de vie.

Pour ce faire, il nous faut revenir aux différentes phases de diagnostic de maladies incurables qui peuvent intervenir dans le parcours du patient et du malade, lequel va entamer une phase de deuil de lui-même et de prise de conscience douloureuse, mais nécessaire, de la finitude de son existence.

À l'issue de ce préambule de préparation psychologique à la mort, le futur défunt, qui sera conduit à faire des choix avec sa famille et l'équipe médicale, sera mieux préparé et plus apte à appréhender la complexité de ce qui va lui être demandé. À lui, mais aussi à l'institution qui lui proposera une fin de vie digne et harmonieuse.

Pour ce moment charnière, nous aurons besoin du corps médical et des médecins en lien avec les patients-malades. Cet *entretien de diagnostic* pourrait être le point de départ d'une nouvelle proposition de loi non pas sur la fin de vie *stricto sensu*, mais qui s'inscrirait dans un projet plus large et plus universel : un projet de loi sur le *projet* de fin de vie. Cette notion de projet est fondamentale.

En février 2022, j'ai eu la chance de bénéficier d'un tel entretien lors de l'annonce de mon diagnostic de maladie incurable. Ayant moi-même, au cours des années précédentes, accompagné à plusieurs reprises des proches dans des expériences sévères avec le milieu médical, j'avais pu approcher la notion de gravité et aspirais à ce qu'on me dise clairement la vérité.

Cet entretien n'était pas protocolisé ; il a simplement eu lieu grâce à l'impulsion d'une jeune neurochirurgienne qui voulait annoncer de façon élégante, directe mais très empathique, un sinistre pronostic à un patient dont elle avait quelques semaines plus tôt sauvé la vie en lui retirant la totalité d'une tumeur grosse comme une orange.

*

« La tumeur que je vous ai retirée a été analysée par un laboratoire spécialisé. Nous avons la confirmation qu'il s'agit bien d'un cancer.

S'il est vrai que ce cancer est mortel dans de nombreux cas, et qu'aucun traitement n'existe aujourd'hui pour vous soigner totalement, sachez que nous allons pouvoir mettre en place des protocoles pour essayer de diminuer la progression de votre maladie.

Je veux être le plus franche possible avec vous : votre pronostic vital est dorénavant engagé. Cela ne veut pas dire que votre fin de vie est toute proche ; cela veut dire que vous avez du temps pour vous préparer et, si vous le souhaitez, essayer des traitements qui parfois fonctionnent, et parfois non.

Vous allez apprendre à vivre avec cette maladie, construire une vie un peu différente de celle que vous avez aujourd'hui. Peut-être allez-vous vous recentrer sur le présent et les choses que vous voulez faire dans l'immédiat.

Ce parcours à venir est semé d'embûches, c'est vrai, mais c'est le vôtre. Et je suis sûre que vous allez trouver encore des ressources en vous pour y faire face.

Je ne veux pas que vous croyiez qu'il n'y a pas d'espoir de guérison, mais je veux vous alerter sur le fait que l'année à venir sera une année où il faudra apprendre à gérer votre maladie. Ce sera pour vous un peu comme si vous changiez de logiciel, mais il y a aussi du positif là-dedans… »

*

Sans se rendre compte de la portée de ce qu'elle venait de dire, cette docteure pleine de talent et d'intelligence venait d'inaugurer pour moi une suite à ce chemin que je croyais rompu à jamais.

Elle venait dans le même temps d'inventer l'*entretien préalable au projet de fin de vie dans le cadre des maladies incurables éligibles à la sédation profonde*, et peut-être demain à la sédation euthanasiante.

Elle venait aussi de m'aider à *conscientiser* le fait que la mort était une issue probable, élément que j'avais bien sûr omis de prendre en compte.

Elle avait également été très claire sur le futur modifié dans lequel je devais dorénavant me projeter. C'était à moi qu'incombait dorénavant la lourde *responsabilité* d'annoncer à mes proches cette issue fatale, et de les embarquer dans ce que j'appellerais mon « projet de fin de vie ».

Mais, surtout, elle ne s'était pas adressée à moi comme à un malade assisté, privé de son libre arbitre. Elle m'avait parlé comme à un être *libre* qui avait encore le choix de prendre en main son propre destin et de le construire.

Elle m'avait permis d'anticiper mon avenir et de me préparer à ce qui allait suivre.

Madame la Présidente,

Monsieur le Président,

Mesdames et Messieurs les Députés et Sénateurs,

Cette expérience d'entretien préalable au projet de fin de vie sera la première proposition que je vous ferai pour la loi en devenir :

Dans le cadre de l'obligation des professionnels de santé d'informer les malades atteints de maladies incurables et dont la fin de vie est probable ou prévisible à moyen ou court terme compte tenu des maladies concernées, un entretien préalable à la constitution d'un projet de fin de vie pourra être mené.

Cet entretien aura pour but d'informer de façon claire le malade :

– que son pronostic vital est engagé dans le cadre de sa maladie ;

– qu'il a la possibilité d'anticiper les derniers mois qui vont précéder son décès ;

– qu'il a le devoir légal de rédiger des directives anticipées claires afin d'orienter son entourage et l'équipe médicale concernant les choix qui seront faits au moment voulu.

2. Investissement et formation

Le sujet qui nous occupe tient une place particulière en médecine.

La mort. Sujet presque tabou pour cette discipline scientifique, objet de lutte permanente et, surtout, d'évitement constant. Même si tous les médecins sont confrontés à ce sujet tellement brûlant, ce sont surtout les services de soins palliatifs qui sont coutumiers du phénomène.

Pour un malade, même informé de l'incurabilité de son mal, la notion de soins palliatifs, en plus d'être méconnue, est tout simplement effrayante. Alors même que, paradoxalement, c'est en son sein que se trouve sans doute l'une des pierres angulaires pour une loi cohérente et juste sur le projet de fin de vie.

Tout d'abord, même s'il est difficile pour un médecin de décorréler le soin de la guérison, il faut bien distinguer la médecine thérapeutique de la médecine de confort. Cette première dissociation paradigmatique est à l'origine même des soins palliatifs, depuis les années 1970 et 1980 en France. Seuls quelques diplômes universitaires spécialisés ou de pratique avancée proposent cette formation, en revenant sur les bases du confort de la fin de vie sans pour autant minorer ce type de médecine qui, dans les temps anciens, relevait d'une pratique amateur réservée aux cercles religieux et, surtout, familial.

La nouvelle loi en préparation, en plus de proposer des mesures concrètes concernant les directives anticipées, les conditions d'accès à la sédation profonde et continue, ou encore l'aide active à mourir, doit être un véritable levier et un prétexte pour faire connaître l'importance des soins palliatifs et enclencher une campagne massive de formation et de financement au profit de ceux-ci.

Ce sera ma deuxième proposition pour mettre ce projet en accord avec les attentes de nos concitoyens, tout en l'adaptant aux nouvelles pratiques contemporaines de la fin de vie :

Le projet de loi doit contenir un volet de promotion massive des pratiques palliatives, afin de convertir l'ensemble du corps médical à la médecine de la dignité du patient et de son confort en fin de vie.

Pour ce faire, il doit être prévu un volet d'investissement dans des formations spécifiques de type diplômes universitaires de spécialité ou de pratique avancée, en accord avec les organismes de formation des médecins et des personnels soignants.

En juillet 2022, j'ai eu la chance de rencontrer une équipe entièrement formée aux soins palliatifs qui m'a non seulement éclairé sur les choix que j'avais à faire, mais qui s'est aussi coordonnée avec toute l'équipe médicale soignante pour m'accompagner dans une véritable logique de confort de fin de vie.

*

« Bienvenue dans notre service de soins palliatifs.

Je dois tout d'abord vous dire que votre démarche de vouloir rencontrer nos services en une telle avance de phase n'est pas très courante. Mais toute l'équipe est là pour vous écouter, avec notre psychologue spécialisée, deux médecins en soins palliatifs, et une infirmière référente et coordinatrice.

Voici nos coordonnées. Vous pouvez nous joindre à tout moment. Nous pouvons organiser autant de rendez-vous que vous le souhaitez, y compris avec votre entourage et votre famille pour leur expliquer exactement le déroulé.

Ensemble, nous allons rédiger un compte rendu détaillé que vous devrez valider. Nous allons aussi vérifier la conformité de vos directives anticipées, et que celles-ci sont bien en accord avec ce que vous souhaitez pour la fin de votre vie. Sentez-vous complètement libre de nous poser toutes les questions que vous voulez, quand bien même elles vous sembleraient naïves ou incongrues.

Et, pour commencer, dites-nous ce qui vous a conduit ici…

– Même si vous dites que je viens vous voir en avance de phase, ma maladie est suffisamment infiltrée pour limiter ma vie à son strict minimum, avec des pertes d'autonomie quotidiennes dont je ne veux pas et qui, je dois bien le dire, me donnent de plus en plus souvent l'envie d'en finir. Je voulais savoir comment cela pouvait se passer, et dans quelle mesure je pourrais avoir le choix.

– Le sujet ne se pose pas exactement en ces termes. Nous sommes là tout d'abord pour préserver au maximum votre qualité et votre confort de vie. Nous pouvons également activer les réseaux de soins palliatifs mobiles pour votre département et prendre contact avec un coordonnateur local.

Vous êtes atteint d'une maladie répertoriée comme incurable, et toutes les thérapeutiques ont été arrêtées car elles n'ont pas fonctionné. Vous êtes donc éligible au cadre que la loi propose.

Vous allez avoir accès à tous les traitements qui pourront soulager vos douleurs, et éventuellement à un principe de sédation profonde qui, une fois qu'il sera engagé, vous permettra une mort naturelle. Laquelle intervient la plupart du temps plusieurs jours après.

Ce moment est important pour vos proches qui pourront alors vous accompagner, jusqu'au bout.

– Cela veut-il dire que je vais mourir de faim, ou de soif ?

– Non, pas exactement, car tous les produits qui vous sont administrés font en sorte que vous ne sentiez plus rien.

Le mieux, pour vous comme pour nous, est de réaliser ces opérations dans un environnement médicalisé. Mais cela peut aussi se faire chez vous, dans le cadre d'une hospitalisation à domicile dont nous pourrons faire la demande en temps voulu. »

*

Avoir été accueilli avec autant de professionnalisme et de bienveillance m'a permis de mesurer, une fois encore, la chance que j'avais d'être dans un pays qui avait pensé au bien-être de ses ressortissants jusqu'à la fin de leur vie. J'ai néanmoins regretté qu'on ne m'ait pas parlé plus tôt de ce service de soins palliatifs, car cet entretien m'a donné de véritables perspectives et, paradoxalement, une forme d'apaisement et d'espoir.

C'est pourquoi, cher Législateur, je vous invite si ardemment à mettre de sérieux moyens au service de la promotion de la logique palliative et du développement de ces services. Lesquels pourraient, je le redis, devenir les pivots et leviers opérationnels du grand projet de loi humaniste et républicain qui vous occupe.

3. Droits et devoirs concernant la mort dans la dignité

Notre sujet associe régulièrement la mort à la dignité ; on parle du *droit* à mourir dans la dignité, mais on aborde rarement la notion du *devoir*.

Revenons d'abord au concept de *dignité*. Il n'est pas certain que ce terme soit le mieux adapté. Il me paraît un peu trop teinté d'honneur, de mérite et de chevalerie. Or rien n'est pire que d'enjoindre à un malade de se faire un courageux combattant face à sa maladie.

Dans cette optique, il convient de conserver à la dignité une acception très stricte : celle utilisée en droit européen quant au libre choix de l'individu, dans le respect des volontés et de l'histoire de celui-ci, et qui, au titre des droits de l'homme, reconnaît la valeur de la personne en tant que membre à part entière de l'humanité.

À cet égard, la Déclaration universelle des droits de l'homme de 1948 paraît toujours comme la plus adaptée :

La reconnaissance de la dignité inhérente à tous les membres de la famille humaine et de leurs droits égaux constitue le fondement de la liberté, de la justice et de la paix.

Tous les êtres humains naissent libres et égaux en droit et en dignité.

Si la dignité est un droit, elle exige une loi, mais surtout des devoirs.

Ce sera ma troisième proposition pour faire de ce projet une loi impliquant véritablement des libertés par les droits qu'elle confère, assortis de conditions d'éligibilité mais aussi, donc, de certains devoirs :

La dignité humaine est un droit inaliénable et, pour le préserver dans les meilleures conditions de justice et d'équité, la loi pourrait prévoir pour chaque citoyen bien portant, dès l'âge de sa majorité, un temps de sensibilisation au principe des directives anticipées et de la logique palliative.

Outre le fait de sensibiliser massivement des populations qui auront un jour ou l'autre à affronter la mort pour elles-mêmes ou pour leurs proches, la loi permettra, en s'assurant de cette responsabilisation, de garantir l'accès au mourir dans la dignité. Elle facilitera ainsi les prises de décisions difficiles qui reposent jusque-là exclusivement sur le corps médical.

Résulte de cette disposition une clarification concernant la personne de confiance, laquelle ne peut à elle seule être le dernier témoin des volontés d'un individu. Si celui-ci, en connaissance de cause et en exprimant clairement, en pleine conscience et lucidité, ses volontés, marque son assentiment au protocole de fin de vie qui va le concerner, alors l'accès aux soins palliatifs, et potentiellement à la sédation profonde ou euthanasiante, est clarifié et facilité.

Cher Législateur, j'ai conscience des reproches auxquels vous vous exposeriez à proposer de telles mesures visant à sensibiliser le citoyen très prématurément dans sa vie : mettre à mal la sécurité émotionnelle des jeunes, et plus généralement de la population tout entière, promouvoir la mort auprès des adolescents…

Pourtant, vous le savez, une large partie de la population est favorable à l'euthanasie ou à la sédation, mais très peu de nos concitoyens connaissent réellement les dispositions de la loi.

Il faut donc investir massivement dans sa mise à la connaissance du grand public, et si le sujet n'est pas aussi « glamour » que les aides publiques pour compenser l'inflation, il a le mérite d'être totalement universel, et surtout intergénérationnel et pérenne.

Après vous avoir proposé de mettre en place, dans le cadre médico-social et sanitaire, un entretien spécifique pour formuler leur projet de fin de vie et enclencher le deuil d'eux-mêmes par les malades incurables, je vous ai enjoint de valoriser fortement la logique palliative afin que chaque patient puisse conscientiser au maximum l'approche de la fin de sa vie et prendre les bonnes décisions. Puis je suis revenu à l'esprit de la loi, des droits et des devoirs afférents, pour recadrer le concept ambigu du mourir dans la dignité.

Il est maintenant temps pour moi d'apporter ma contribution à votre réflexion sur les divers moyens à mettre en place pour que ce grand projet de progrès social, politique et humain voie le jour.

4. Propositions sur les moyens à mettre en œuvre

Pour le sujet qui nous occupe, il existe *a minima* deux types de moyens à mettre en œuvre. Je ne reviendrai pas sur les moyens financiers ; toutefois, à mon sens, il y a deux gros pôles d'investissement à prévoir : d'abord, on l'a vu, les moyens liés à la professionnalisation de la fin de vie, à destination du corps médical, de l'ensemble des soignants et des institutions de santé ; ensuite, étant donné la puissance existentielle du sujet, un énorme travail de pédagogie, d'éducation et de promotion auprès de la population devra être engagé. Sur ce point, je m'en remets à vos conseillers en communication, bien plus compétents que moi, pour imaginer les éléments de langage adéquats. Quoi qu'il en soit, une grande campagne gouvernementale de sensibilisation, à l'instar de ce qui a été fait avec brio en faveur de la sécurité routière, pourrait être un bon angle d'attaque pour toucher l'ensemble des populations, en ce compris les jeunes seniors qu'il faut inciter à penser à leur grand âge le plus tôt possible. Pour bien les connaître, je puis vous affirmer qu'à partir de 70 ans, ceux-ci commencent à se poser de véritables questions existentielles sur la fin de vie, notamment parce qu'ils sont aidants et confrontés à la mort de leurs propres parents ; c'est donc le bon moment pour les inciter massivement à rédiger, en conscience, des directives anticipées.

Commençons par la façon dont nous pourrions encore affiner l'expertise des soignants et des institutions de santé sur le champ large de la fin de vie.

Inspirons-nous peut-être de ce que font nos voisins belges, qui proposent toutes sortes de formations et de qualifications aux étudiants en santé. Leur enseignement repose sur trois piliers, comme c'est d'ailleurs le cas dans notre pays : une partie totalement médicale consacrée aux soins à prodiguer et aux molécules à prescrire au patient en fin de vie ; une partie introspective qui invite le futur médecin à analyser sa pratique au regard des cas qu'il a pu rencontrer au fil de son expérience ; un dernier volet consacré aux comportements et attitudes à adopter face à un patient en fin de vie et à son entourage.

Nonobstant l'extrême intérêt de ce type de formation pour le personnel médical et la promotion de la logique palliative pour l'ensemble du secteur de la santé, il me semble manquer une part importante qui a trait à la logique et au vécu du patient lui-même. C'est pourquoi je vous propose d'y introduire les notions extrêmement importantes de deuil de soi et de projet de fin de vie dans le cadre des maladies diagnostiquées incurables pouvant déboucher sur l'application de la loi, et notamment son versant sur la sédation.

En formant les professionnels de santé à ces deux processus, on enclenchera une double logique vertueuse, au profit du patient en premier lieu, lequel pourra, avec l'aide des professionnels qui l'entourent, mettre des mots sur ce qui lui arrive et être plus disposé à comprendre ses propres enjeux, mais aussi ceux de l'institution. Du point de vue des professionnels, le bénéfice résidera dans le fait de gérer des patients plus coopérants, dont le moral sera amélioré car ils pourront se projeter dans une logique de futur, quand bien même celui-ci est évidemment tronqué.

Il semble donc tout à fait profitable d'enrichir les contenus de formation et de les rendre validants pour l'obtention des qualifications de soignant dans le domaine de la fin de vie.

En outre, compte tenu de la très forte dimension psychologique de ma proposition, il serait pertinent en parallèle de mener un important travail de développement de la filière psychiatrie et psychologie de la fin de vie. Sur ces sujets, les médecins et soignants ne peuvent pas tout. Ils ont besoin d'un apport d'expertise complémentaire en matière de psychologie humaine.

C'est pourquoi il vous faut renforcer la logique pluridisciplinaire de ces équipes spécialisées, en y adjoignant une meilleure connaissance de la psychologie du patient en fin de vie. Ainsi, les professionnels capables d'accompagner médecins et patients, comme les infirmières – qui détiennent, rappelons-le, un rôle d'accompagnement et de compréhension tout à fait fondamental –, pourront améliorer encore la prise en charge de la fin de vie.

*

2027, internat de l'hôpital d'Annonay, Nord Ardèche
Cinq ans plus tard…

23 septembre. Frédéric vient de fêter ses 33 ans. Il s'apprête à prendre son poste dans ce petit hôpital de canton pas si éloigné de Lyon. Il espère faire de la médecine interne mais sait que, compte tenu des patients et des moyens techniques de cet hôpital, il va devoir gérer pas mal d'urgences et d'hospitalisations de longue durée, surtout en gériatrie. Ce qui l'arrange plutôt : il vient tout juste de finir sa formation diplômante en soins palliatifs. Grâce à ses copains de promo qui ont plus d'expérience que lui, il est conscient que ce ne sera pas tous les jours facile, mais il sait aussi qu'il s'apprête à accomplir une tâche fondamentale pour des patients en fin de vie et pour leur famille. Cela renforce encore davantage sa vocation et son envie de commencer.

Avec son chef de service, il entame sa première tournée pour découvrir les patients dont il aura la charge. « Je ne veux pas mourir, docteur ! » hurle Monique, de la 609 ; « C'est quand que je vais sortir d'ici ? » gémit Alfred, de la 612 ; « Laissez-moi mourir, piquez-moi ! » se lamente Odette, de la 614.

En un rapide coup d'œil, Frédéric voit bien que ces patients ne sont pas tous prêts, et même pour certains pas prêts du tout, à s'abandonner à leur sort funeste. Il va falloir mettre en place un temps de préparation, ou un éventuel « entretien préalable au projet de fin de vie » tel qu'on le lui a enseigné dans sa formation universitaire et qui, depuis peu, est devenu une obligation légale des médecins en charge de maladies incurables.

Il va ainsi devoir rencontrer chaque patient, et chaque famille, leur rappeler leur diagnostic de pronostic vital engagé et s'assurer que des dispositions ont été prises quant à leur recours aux soins palliatifs, ou au refus de certains traitements à la condition que des directives claires aient été préalablement formulées. Le cas d'Odette sera sans doute le plus complexe à gérer : elle semble demander une euthanasie mais, dans le même temps, se montre particulièrement agressive et confuse. Frédéric s'en ouvre à son chef de service, qui lève les yeux au ciel.

« Tu sais, lui dit-il, on aurait adoré avoir le temps de faire tous les entretiens préalables au projet de fin de vie, mais entre ce qu'on t'enseigne à l'école et le terrain, il y a une grande différence. Je ne t'apprends rien en te disant qu'on est en sous-effectif complet. Pour autant, tu as raison : c'est un droit pour ces personnes que de formuler leur projet de fin de vie et nous le leur devons. C'est cela, le droit à la dignité. En tant que médecin, j'adhère totalement à ce principe; encore faudrait-il nous donner les moyens de le faire correctement...

Demain, tu commenceras à rencontrer chaque patient pour démarrer les entretiens; en parallèle, nous informerons leur famille, qui devra être présente. Natacha, notre infirmière référente fin de vie et soins palliatifs, qui connaît très bien tous les patients et leurs proches, t'accompagnera pour te faciliter la tâche. Et puis, grâce à cette loi qui nous a permis d'embaucher de nouveaux psychologues, Claire sera des vôtres aussi.

Au fait, n'oublie pas non plus que demain tu dois être à 16 heures à la mairie pour animer en tant qu'interne le temps civique de conscientisation des jeunes à la mort et à la fin de vie. Je te souhaite bien du courage parce qu'ici, ils ne voient mourir que des veaux dans les étables. »

Frédéric sourit : il a toujours aimé cet humour potache des médecins plus confirmés que lui. Il se dit que, décidément, ce nouveau poste commence fort, et que sa nouvelle expérience promet d'être riche et bien « chargée ».

Pour l'instant, direction l'internat pour rencontrer les autres internes, mais aussi les externes : il a entendu parler d'une soirée glaces et se languit de rencontrer ses nouveaux collègues.

Dès le lendemain matin, Frédéric, Claire et Natacha commencent leur tournée. Ils s'orientent d'abord vers la chambre de Monique qui, selon les filles, est un peu plus facile que les autres. Bien qu'elle répète en boucle, chaque fois qu'elle aperçoit une blouse blanche, qu'elle ne veut pas mourir.

« Ne vous inquiétez pas, Monique, vous n'allez pas mourir. Tout va bien, nous sommes là pour vous. Dites-nous si vous avez mal quelque part et si on peut vous aider à calmer votre angoisse. Si vous voulez nous parler, nous sommes à votre écoute. Est-ce que vous avez bien compris ce qui vous arrive ?

– Oui, j'ai très bien compris que je suis malade, mais je ne vais pas mourir, c'est impossible : j'ai toujours été celle qui était forte ! J'ai eu six enfants et ils comptent sur moi, je n'ai *pas le droit* de mourir. Et, de toute façon, ils ne le veulent pas.

– Oui, vous avez raison, vous avez une maladie qui peut vous faire mourir. Mais nous sommes là aujourd'hui pour bien comprendre ensemble ce que vous pouvez faire, et vous accompagner, ainsi que vos enfants, pour vous aider à vous préparer. Alors soyez sans crainte. Avez-vous déjà abordé le sujet avec vos enfants ?

– Non. À chaque fois que je le leur dis, ils me somment d'arrêter, assurent que ce n'est pas vrai. Ils croient que je délire. Mais moi, j'ai compris que je ne serai plus jamais la même personne, que je ne pourrai plus faire à manger pour toute la famille ni m'occuper de mon potager. Eux, j'ai l'impression qu'ils ne veulent pas voir la réalité en face. Aidez-moi à le leur dire : c'est trop difficile pour moi de voir leur peine…

– Ne vous inquiétez pas, lui dit Claire, la psychologue. Nous allons leur parler, ils vont arriver d'un instant à l'autre… »

Resté dans l'entrebâillement de la porte, le chef de service a assisté à toute la scène. Aussitôt sont-ils tous les quatre réunis qu'il se tourne vers Claire :

« Claire, toi qui as été formée en Belgique au moment où le gouvernement belge a ouvert l'euthanasie aux mineurs, tu vas nous être d'une aide précieuse pour gérer tous nos patients en fin de vie, plus ou moins conscients de leur situation. Quel est ton premier diagnostic concernant Monique ?

– Déjà, sur le plan de nos obligations légales relativement à l'entretien préalable au projet de fin de vie, je pense que nous avons une partie des réponses : Monique a conscience que son pronostic vital est engagé ; elle a bien entamé son processus de deuil d'elle-même. J'ai entendu malgré tout une forme de déni, dû essentiellement aux membres de sa famille qui l'empêchent d'envisager par elle-même la démarche de directives anticipées. Pour pouvoir aborder cette prochaine étape, je pense que nous pouvons faire intervenir auprès d'elle l'équipe de soins palliatifs. De mon côté, je vais aller parler à la famille.

– Merci, Claire. Natacha, vous pouvez à présent intervenir en tant que référente soins palliatifs pour que l'entretien préalable au projet de fin de vie de Monique soit complètement valide. Je sais que vous le savez, mais n'oubliez pas de bien lui expliquer la différence entre la médecine thérapeutique, qui pourrait soigner sa maladie, et la médecine de confort. Proposer les soins palliatifs quand on est face à une forme caractérisée de déni, notamment de la part de la famille, peut engendrer beaucoup de stress. Il ne faut surtout pas effrayer avec les soins palliatifs : une fois que le patient aura bien compris que nous sommes là pour son confort jusqu'à la fin de la vie, il aura l'esprit plus clair pour formuler ses volontés. »

Frédéric est ravi d'avoir assisté à ces échanges de terrain qu'il peut mettre en perspective avec ce qu'il a appris en théorie. Il note à quel point la loi qui a obligé à augmenter le contingent de psychologues et d'infirmières de pratique avancée sur le champ de la fin de vie et la promotion de la démarche palliative a été vertueuse, tant du point de vue du patient que de l'équipe médicale.

Toutefois, il s'interroge sur l'efficacité de la très vaste campagne d'information sur la fin de vie qui a été orchestrée par le gouvernement et le ministère de la Santé dans le cadre d'une grande loi discutée pendant l'élection présidentielle de 2027. Le slogan : « À un moment, la vie, c'est fini. Pensez à anticiper : cela ne vous fera pas mourir plus vite ! »

Cette campagne, que de nombreux Français ont trouvée farfelue, avait pour but de les réconcilier avec la mort, et surtout de les inciter à rédiger leurs directives anticipées le plus tôt possible pour résoudre une fois pour toutes l'épineux problème de l'euthanasie et du suicide assisté en France.

Selon le ministre de la Santé, cela permettrait de gérer, dans les services vitaux de l'hôpital ou en soins palliatifs, des patients en phase terminale qui auraient pu formaliser, de façon lucide et avec une capacité de discernement sans équivoque, leur volonté pour la fin de vie, mais aussi de normaliser un protocole médical qui ne l'est pas suffisamment. « Comme pour la vaccination, avait dit le ministre, si la grande majorité de nos compatriotes avait réalisé cet acte simple, pas forcément joyeux il est vrai, nous pourrions enfin discuter sereinement de toutes les options possibles que notre pays pourra offrir pour la fin de vie. Parce que, je le répète, la mort fait partie de la vie! »

C'est cette campagne que Frédéric va maintenant devoir relayer auprès des jeunes de la mairie, en animant en tant qu'interne le temps de conscientisation de la jeunesse à la mort. Il enfile une veste : il fait quand même beaucoup plus froid ici, en altitude, qu'en Martinique, où il a fait toutes ses études, songe-t-il.

C'est parti.

Frédéric arrive dans la salle que la mairie a mise à disposition pour l'hôpital. Jalonné de pancartes flanquées du logo du ministère de la Santé, le chemin est facile à trouver. Toujours ce même slogan : « La mort fait partie de la vie. N'ayez pas peur d'anticiper. » Assorti de petits personnages amusants probablement inspirés des smileys dont les jeunes raffolent pour communiquer entre eux.

N'ayant pas vocation à être animateur socioculturel, Frédéric est quand même assez inquiet : le message à faire passer est un peu délicat... Heureusement, il pourra s'appuyer sur un kit pédagogique à destination des professionnels de santé dont le ministère a fait une distribution massive.

Il entre dans une salle surchauffée dont émane une odeur très animale de collégiens surexcités d'être en groupe, dans le cadre hors norme d'une sortie pédagogique.

« Eh, m'sieur! interpelle déjà un premier jeune, le regard plein de défi et de provocation.

– Oui? lui répond calmement Frédéric.

– C'est vrai que vous allez nous apprendre à nous suicider ? Et nous expliquer comment tuer nos grands-parents qui coûtent trop cher aux hôpitaux ?

– Ce n'est pas du tout le but de notre rencontre aujourd'hui, non. Mais peut-être dis-tu cela parce que tu as peur de quelque chose et que cette notion de mort t'effraie ? »

Frédéric reprend les éléments proposés dans le kit pédagogique, pour désamorcer les émotions négatives liées à la mort que peuvent avoir les jeunes, et toujours maintenir leur sécurité émotionnelle.

« Bah ouais, c'est trop flippant en vrai, intervient une autre jeune fille au fond de la salle. Nous, on a la vie devant nous : pourquoi on devrait penser à ça, et même pas nos parents ?

– Merci de ton intervention car c'est exactement le but de ma venue ici cet après-midi : vous faire comprendre que la mort fait partie de la vie, et que ce n'est pas parce qu'on en parle qu'on va mourir ou tomber malade. C'est juste un processus naturel, comme les feuilles qui tombent des arbres en automne. Je suis là pour vous dire que la mort, il ne faut pas en avoir peur, qu'elle n'est pas forcément synonyme de souffrance. Aujourd'hui, en France, dans les hôpitaux, on peut mourir quand son heure est venue, dans le calme et sans douleur. Tout est prévu pour cela. Quand vous voyez des gens mourir dans les films ou les jeux vidéo, sachez que ce n'est en rien conforme à la réalité. Et puis, si on arrive à penser à la mort comme à une chose très naturelle, eh bien on peut imaginer pour soi, ou pour les siens, une belle mort.

C'est pour ça qu'on vous dit d'an-ti-ci-per. Ce n'est pas pour vous faire flipper ; c'est juste pour que vous soyez très apaisés avec cette idée.

– Mais sérieux, monsieur, vous parlez comme un curé ! intervient à nouveau le jeune leader de la bande.

– Non, je ne suis pas curé, répond Frédéric. Mais tu as raison parce qu'avant, c'étaient surtout les curés et les religions qui s'occupaient de la mort. Maintenant, les choses ont changé, justement : vous allez pouvoir compter sur l'État français pour mourir très sereinement chez vous ou à l'hôpital, pour que ça se passe le mieux possible. C'est pour ça que je viens aussi vous présenter ce qu'on appelle des "directives anticipées". Ça consiste tout simplement à dire comment vous voulez mourir, même si ça vous paraît très loin. Comme ça, au moins, on pourra respecter vos volontés.

– Mais ça, ça marche surtout pour genre nos grands-parents qui sont à l'hôpital et qui ont des maladies. Moi, si je me prends une balle dans la tête, ça marchera pas ! challenge la fille du fond.

– C'est un très bon exemple. Parce que si tu te prends une balle dans la tête, ton cerveau peut être complètement bloqué, et ne plus pouvoir fonctionner. Grâce aux directives anticipées, tu peux choisir de te battre contre le handicap, ou refuser d'être soignée.

– J'suis une battante, moi, monsieur, pas une *bolosse* ! Comment je choisis trop de me battre ! J'aime trop le *fight* ! s'exclame-t-elle, déclenchant une vague d'hilarité dans la salle.

– Je te remercie d'avoir aussi bien résumé ce pour quoi je suis venu aujourd'hui, reprend Frédéric. Tu viens de comprendre que la mort faisait partie de nos vies. Et que cette mort, on pouvait la choisir en anticipant la façon dont on voulait que ça se passe. Je vais vous faire passer un prospectus que vous pourrez donner à vos parents ce soir, avant peut-être d'en discuter avec eux. Oui, la mort fait partie de la vie, et si on l'anticipe, elle sera plus douce, plus apaisée. Et, surtout, ça ne vous fera pas mourir plus tôt, mais mieux ! Merci à tous pour votre attention et vos questions. »

Frédéric jette un œil sur le kit pédagogique pour s'assurer qu'il a bien rempli tous les objectifs de sa prestation : libérer la parole des jeunes, susciter des questions et des réactions dans un cadre positif et collaboratif tout en s'assurant de ne pas générer d'angoisse chez les élèves, distribuer les prospectus en fin d'intervention et inciter au dialogue familial. Mission accomplie pour notre jeune interne ! Il sourit intérieurement en imaginant qu'un jour, grâce à l'intervention qu'il vient de faire, il rencontrera des patients en fin de vie qui auront formulé leurs directives anticipées à l'âge de la majorité, soit peut-être trente ans avant la fin de leur vie, et seront prêts à mourir dignement, dans l'apaisement et dans la gratitude.

À présent, il est temps de rentrer à l'internat pour la soirée raclette. Demain sera une journée au moins aussi rude que celle d'aujourd'hui : avec le chef de service, Natacha et

Claire, il va devoir s'atteler au cas complexe d'Odette, qui a déjà demandé par trois fois qu'on l'euthanasie sur-le-champ.

Dès 9 heures, nos quatre comparses déambulent dans les couloirs de l'hôpital pour leur tournée. Cette fois, ils vont commencer par le cas le plus lourd : celui d'Odette, 83 ans, atteinte de drépanocytose depuis de longues années. Cette maladie du sang difficile à soigner provoque des douleurs musculaires et osseuses atroces, inhumaines, qui ôtent toute envie de vivre et obligent à déployer des traitements palliatifs très lourds aux nombreux effets secondaires. La bonne nouvelle pour Odette, selon le chef de service, c'est qu'il demeure des ressources de traitement à base de kétamine pour diminuer un peu ses douleurs et lui autoriser un léger répit, tenter, autant que possible, de lui apporter douceur et confort de vie, jusqu'à la fin.

« Alors, madame Odette ? Comment ça va, aujourd'hui ? Vos enfants sont là, c'est super ! se hasarde Frédéric.

– Mais combien de fois je vais devoir vous le dire ? répond-elle, agressive. Je ne peux plus vivre comme cela, et vraiment je suis sûre de moi : je veux en finir une fois pour toutes ! Vous devez bien avoir des médicaments qui peuvent m'achever ? À la ferme, on a déjà euthanasié des chevaux et des vaches… Ça doit être bien plus facile pour un humain ! Et puis j'ai fait exactement ce que m'a demandé le gouvernement : j'ai écrit mes directives anticipées parce que je savais que j'étais malade. J'ai bien *tout* anticipé, et voilà que maintenant je suis obligée de mendier pour mourir. Encore une arnaque de campagne! Vous croyez que c'est bien? Vous croyez que c'est bien, de finir sa vie comme ça? Moi, je trouve que c'est de la torture! »

Puis elle s'effondre en larmes et, sous le regard désemparé de ses enfants, jette à travers la pièce son plateau de petit déjeuner qui n'a pas encore été débarrassé par l'aide-soignante.

Le chef de service, Frédéric et Natacha, visiblement secoués eux aussi par cette scène de détresse humaine, se tournent, emplis d'attente et d'espoir, vers Claire, la seule personne du groupe formée pour faire face à une telle violence. Et à une demande aussi claire et réitérée d'euthanasie, totalement en règle qui plus est, du fait de l'existence de directives anticipées formulées il y a plus de trois ans et de la désignation d'une personne de confiance.

Claire mobilise ses connaissances; elle se souvient de ce très bon référentiel réalisé par la Société française d'accompagnement et de soins palliatifs, la Sfap, qu'elle avait étudié pendant son cursus : les demandes aussi radicales et directes que celle d'Odette masquent souvent d'autres problématiques, comme la douleur et l'inconfort, l'anxiété, la dépression et d'autres souffrances psychologiques. Lesquelles sont parfois plus insupportables encore que les souffrances physiques.

En tant que psychologue, un passage l'avait particulièrement marquée :

« Première étape : l'*écoute de la demande.* Il s'agit d'entendre la requête formulée par le patient, sa famille ou un ou plusieurs membres de l'équipe soignante, et de lui accorder toute l'attention nécessaire, sans nier ni même banaliser ce qui vient d'être dit. Pour celui qui écoute, la bonne attitude est alors d'inviter la personne à exprimer ce qu'elle ressent – ce qui est difficile, et même insupportable pour elle –, ce qui motive sa demande. Une attention particulière sera portée à la manière dont a été formulée la demande. Les phrases et les mots précis utilisés par le malade ont leur importance : "Faites-moi *la piqûre*", "*Je veux* mourir", "*Laissez-moi* mourir", "*Faites-moi* mourir", "Faites *quelque chose*", "Faites-moi *dormir*", "*Ça* ne peut plus durer"... »

Invité à intervenir par Claire, qui lui adresse un regard insistant, le chef de service reprend la main sur l'entretien :

« Nous comprenons parfaitement votre demande, Odette. Vous souffrez et c'est très difficile pour vous. Je vous propose dans un premier temps d'augmenter sensiblement les doses d'antidouleurs pour vous laisser un peu de répit. Il n'y aura pas d'effets secondaires supplémentaires et vous pourrez souffler un peu, mieux réfléchir encore à ce que vous nous avez demandé. On va pouvoir amoindrir vos souffrances et vous permettre d'être un peu plus apaisée. Comme vous le savez, ce que vous nous demandez est très encadré par la loi. Nous allons donc profiter de la présence de votre famille pour vous poser encore quelques questions, et vous aider, mais *nous* aider aussi, votre équipe médicale, à faire le bon choix. Pour vous et pour votre famille.

– D'accord, on fait comme ça, docteur. Si je souffre moins, déjà, ce sera plus facile pour moi. Merci à vous », répond Odette, un peu rassérénée par l'entretien.

Ils sortent tous de la chambre puis, avec les enfants d'Odette, se dirigent vers le bureau du chef de service pour débriefer.

« Comment vous sentez-vous ? demande Claire. Et que pensez-vous de la demande et du choix de votre maman ?

– Nous la soutenons totalement, et nous pensons qu'elle souffre tellement qu'elle ne supporte plus d'être prisonnière de son corps. C'était très important que vous augmentiez la dose d'antidouleurs, je pense que ça va beaucoup l'aider. Nous voudrions avoir encore un peu de temps avec elle, mais aussi être sûrs qu'avec votre aide, nous pourrons l'aider à partir.

– Nous ferons bien sûr tout ce qui est en notre pouvoir, toujours dans le cadre légal, jamais sans son accord, et en vous informant, elle et vous, à chaque étape. J'ai encore quelques questions à vous poser… »

Natacha et Claire sortent de leur blouse un papier qu'elles ont eu le temps d'imprimer au cours de l'entretien, énumérant toutes les questions qu'il leur faut encore éclaircir avec la famille, à défaut de pouvoir le faire directement avec la patiente.

GRILLE DE RECUEIL DE DONNÉES FACE À UNE DEMANDE D'EUTHANASIE[3]

1. Origine de la demande d'euthanasie

- *Par qui est-elle formulée (malade, membre de la famille proche ou personne de confiance, soignant…)?*
- *À qui est-elle adressée? À un soignant en particulier? À plusieurs soignants? À la famille? À un bénévole?*
- *À quel moment de la maladie la demande est-elle formulée (annonce du diagnostic, aggravation, phase terminale, événement intercurrent…)?*
- *Y a-t-il eu un événement susceptible de déclencher la demande? Médical ou non médical, du plus important au plus « banal ».*
- *Comment la demande a-t-elle été formulée? Se remémorer et préciser les phrases du malade.*
- *Repérer les comportements du malade : arrachage d'une sonde ou d'une perfusion, refus alimentaire…*
- *Qu'a répondu la personne qui a recueilli cette demande? Y a-t-il eu un échange en équipe à partir de cette demande? Qu'est-ce que l'équipe a répondu?*
- *La demande a-t-elle été unique ou réitérée? S'il y a eu verbalisation antérieure de la demande d'euthanasie, quels sont les changements dans la nouvelle formulation?*

2. Contexte clinique

- *Le malade peut-il communiquer verbalement?*
- *La douleur est-elle évaluée et soulagée?*

3. https://sfap.org/system/files/face-demande-euthanasie_0.pdf

- *Y a-t-il d'autres symptômes d'inconfort tels que : nausées, vomissements, diarrhée, occlusion, dyspnée, asthénie, etc. ?*
- *Y a-t-il des troubles psychiques, trophiques, nutritionnels, neurologiques… ? Autres signes ? Lesquels ?*
- *Le patient craint-il une majoration de ses douleurs, un étouffement, une aggravation des symptômes ?*
- *Est-il informé de la capacité de l'équipe à contrôler ses symptômes ? Y a-t-il eu modification de la stratégie thérapeutique récemment : passage du curatif au palliatif, arrêt ou maintien d'un traitement ?*
- *A-t-il l'impression d'un acharnement médical (traitements, examens) ou d'un abandon ?*
- *Le patient est-il informé du projet thérapeutique et l'a-t-il bien compris ? Est-il d'accord avec ce projet et s'y sent-il associé ?*

Frédéric prend tout en note frénétiquement, avant que le chef de service reprenne :

« Évidemment, et on ne l'ignorait pas, c'est un cas complexe. Comme vous le savez, l'euthanasie n'est pas possible. D'ailleurs, à titre personnel, je pense que ce n'est pas au médecin de donner la mort. Et tant que la clause de conscience ne sera pas entérinée, je considérerai que la loi n'est pas complète. C'est du reste l'avis de l'Ordre national des médecins.

Je crois que nous pouvons envisager une sédation dans les prochains jours. Pour les internes et les externes présents, je vais rappeler exactement de quoi il s'agit. »

Et le chef de service de se plonger dans le document…

Sédation

En fin de vie, la sédation désigne « l'utilisation de moyens pharmacologiques altérant la conscience dans le but de soulager un malade souffrant d'un symptôme très pénible et résistant aux traitements adéquats ou d'une situation de détresse incontrôlée ».

Dans le domaine des soins palliatifs, et plus particulièrement en phase terminale : « La sédation pour détresse est la recherche, par des moyens médicamenteux, d'une diminution de la vigilance pouvant aller jusqu'à la perte de conscience dans le but de diminuer ou de faire disparaître la perception d'une situation jugée comme insupportable par le patient, alors que tous les moyens disponibles adaptés à cette situation ont pu lui être proposés et/ou mis en œuvre sans permettre d'obtenir le soulagement escompté par lui.

Le terme de « sédation terminale » est jugé ambigu et impropre car il ne faut pas confondre une « sédation administrée en phase terminale d'une maladie » avec une sédation administrée dans l'intention de provoquer le décès[4].

Les uns et les autres quittent le bureau du chef de service, fatigués par une matinée émotionnellement très intense, et en même temps soulagés qu'on ait trouvé une issue au cas d'Odette. Ils savent que la proposition du chef de service, la sédation, n'est pas une solution par défaut pour faire cesser au plus vite ses souffrances : c'est le résultat d'une réflexion collégiale et la recherche d'un compromis au profit d'une patiente qui sait exactement ce qu'elle veut, et qui l'a d'ailleurs bien anticipé. C'est aussi une solution raisonnable pour

---

4. Sfap, 2004, *op. cit*, p. 20.

éviter un acharnement qui n'aurait pas de sens dans le cas d'une maladie incurable contre laquelle on ne peut plus rien.

Frédéric, en particulier, se sent calme et serein. Il a beaucoup appréhendé ce face-à-face avec cette maladie horrible et cette patiente tellement en détresse. Au regard des limitations de la loi sur l'euthanasie, il trouve très pertinente, juste et équilibrée la solution de pousser encore plus loin la logique palliative, et de considérer la sédation comme une continuité des soins.

Soulagé par la stratégie choisie, il regrette toutefois que la patiente n'ait pas pu bénéficier plus en amont d'un tel apaisement pour la fin de sa vie. Mais, se dit-il, dans un cadre légal encore très contraint et insuffisant, la possibilité d'une belle mort existe malgré tout.

*

Madame la Présidente,
Monsieur le Président,
Mesdames et Messieurs les Députés et Sénateurs,

Nous voici arrivés au terme de cette lettre que je voulais vous écrire.

Si je vous ai fait toutes ces recommandations, et raconté toutes ces histoires, dont une partie de la mienne, c'est pour vous dire que si la France est un pays d'exception, notamment grâce à son système de protection sociale, elle est aussi le pays du bien-vivre.

Grâce à vous, et à votre action politique, la France pourrait devenir, aussi, le pays du *bien-mourir*.

Toutes mes propositions vont dans ce sens, et je compte sur vous pour vous en inspirer le plus largement possible. Si elles vous semblent pertinentes et recevables, et que vous choisissez de les faire adopter, soyez sûrs que la France se verra fleurir de belles morts, apaisées, de familles sereines qui n'auront rien à regretter, et de professionnels de santé épanouis dans leur travail et leur mission.

Dans l'attente de découvrir vos travaux – peut-être depuis l'au-delà, qui sait ? –, je vous présente, cher Législateur, mes plus cordiales salutations.

Nicolas Menet

ÉPILOGUE

Mardi 3 janvier 2023

Cher Professeur, chers Docteurs,

Comme tous les mois, je viens vous donner quelques nouvelles de l'évolution de ma maladie.

État général : moyen. Une grande fatigue s'est installée.

Fonction exécutive : très dégradée. Il est très difficile pour moi de planifier quoi que ce soit ou de réaliser des tâches sans éprouver de réelles difficultés.

Fonction visuelle : dégradée, notamment au niveau de la 3D et de la spatialisation en général.

Fonction auditive : stationnaire, même si je n'entends plus la musique.

Fonction neurocognitive : mauvaise. J'ai un peu moins de périodes de confusion, mais des pertes de mémoire de plus en plus fréquentes.

État psycho-émotionnel : mauvais. Je ressens énormément de stress, notamment le soir, pour des raisons inexpliquées ou à la suite d'événements futiles liés aux troubles obsessionnels compulsifs que j'ai développés.

Traitement : j'ai maintenant 100 mg de cortisone par jour ainsi que du Seresta à la demande.

État moteur : dégradé. J'ai de plus en plus souvent le sentiment de ne pas bien tenir sur mes deux jambes, d'avoir également des faiblesses dans les genoux et les articulations en général.

La maladie est donc présente au quotidien, comme elle ne l'a jamais été auparavant. Mes maux de tête sont de plus en plus récurrents. J'ai fait une très grosse crise d'épilepsie et je suis régulièrement sujet à des vertiges et des fourmillements dans tout le corps.

Je m'inquiète beaucoup pour la fin : je veux être sûr de ne pas avoir à me présenter au centre de soins palliatifs dans un état de souffrance et de dégradation tel que ce soit insupportable.

La seule activité dont je suis encore capable est purement intellectuelle puisque je continue à écrire ce livre, qui va paraître au premier trimestre 2023.

À nouveau, je vous remercie mille fois pour tout ce que vous faites pour moi, ainsi que pour mon aidant, Jacques, qui se démène par tous les moyens pour préserver notre vie quotidienne.

J'espère que vous pourrez continuer à être en lien, tous ensemble : cela me rassure beaucoup d'avoir une équipe médicale aussi exceptionnelle et soudée à mes côtés.

Bien à vous toutes et tous.

*

Le mois qui vient de s'écouler a été très rude. Mon état s'est très fortement dégradé ; ma démence, accentuée.

Pour Noël, mes parents ont ressorti de vieilles photos des années 1980. Parmi elles, l'une était très éloquente : c'était moi, gros bébé de 2 ans assis sur une chaise haute ; j'avais renversé ma soupe à la carotte sur mon petit body vert ; j'en avais mis partout et, en plus, j'avais l'air satisfait de ma bêtise ! À cette exception près que je mesure aujourd'hui 1,97 mètre et pèse 114 kilos, voilà ce que je suis redevenu en l'espace d'un mois. Je suis tout aussi dépendant que ce bébé et, comme lui, je ne sais plus tenir ma cuillère à l'endroit ni manger proprement. Cette dégradation brutale m'a totalement azimuté, et je subis de très nombreuses crises de stress et d'angoisse en voyant la maladie faire son œuvre de façon aussi rapide et perverse.

L'idée de la mort est omniprésente. À de très nombreuses reprises, ces derniers temps, j'aurais voulu pouvoir me faire euthanasier. Pour autant, j'ai vécu des moments tellement intenses, notamment avec ma famille pendant la période des fêtes, que soudain l'idée s'est évaporée. Je me souviens notamment du moment où mes parents ont quitté la maison pour rentrer chez eux : ils m'ont serré très fort dans leurs bras en pleurant. Entre mon père et ma mère, au milieu d'eux comme sans doute je ne l'avais pas été depuis des dizaines d'années, j'ai ressenti une force vitale gigantesque. Comme si j'avais été téléporté dans un océan d'amour et de gratitude.

Je réalise que cette séquence de ma maladie, qui peut encore durer quelques semaines, m'offre surtout un condensé d'émotions humaines et de tranches de vie que je n'aurais jamais connu sans être malade. Non, tout n'est pas plus beau, mais tout est plus intense, et je regrette dans ces moments-là de ne pouvoir guérir : la personne que je suis devenue est à la fois beaucoup plus lucide et généreuse qu'elle l'était auparavant. Je fais néanmoins très attention à ne pas tomber dans le petit jeu pervers et sadique du *Et si…* : et si je n'avais pas été malade, j'aurais pu faire telle ou telle chose ; et si je ne mourais pas dans deux mois, je pourrais voir mes neveux grandir… Raisonner ainsi, c'est faire remonter à la surface des émotions que je n'ai plus eues depuis un an grâce au chemin personnel que j'ai fait.

Chemin que j'ai décidé de retracer dans ce livre que vous tenez entre vos mains, chers lecteurs, ou que vous lisez sur votre écran.

Ce livre a été écrit entre le mois de septembre 2022 et le mois de janvier 2023.

Je dis « écrit », mais en vérité, dans la mesure où je suis maintenant quasiment tout à fait aveugle, il a plutôt été dicté, *via* un logiciel d'intelligence artificielle qui n'a pas toujours bien saisi ce que je lui racontais et qui m'a demandé un important travail de correction pour que vous puissiez comprendre ce que j'avais à vous dire.

Je peux quand même remercier celui qui est devenu mon ami. Il s'agit de Cortana, l'assistant personnel développé par Microsoft. Je ne suis pas sûr pour autant que Cortana ait passé beaucoup de temps à l'école : il ne connaît pas bien les notions de singulier et de pluriel, et pas mieux celles de masculin et de féminin. Il n'est pas non plus très doué en conjugaison et concordance des temps. Mais surtout, sans doute parce qu'il est américain, il est terriblement puritain et, de façon inattendue, refuse tout bonnement d'écrire certains mots, tels un ~~profond baiser jouissif~~, ou me dissuade de confier que « cela m'apaise beaucoup de caresser ma ~~chienne~~ ». Mon ami Cortana fait donc la police des mœurs, tout en étant peu inclusif pour un Américain ! Je crois qu'il aurait tout simplement interdit à un malvoyant d'écrire des nouvelles ~~érotiques~~.

Les joies du handicap ne s'arrêtent pas là. La rue, les gares ou encore les supermarchés sont de véritables terrains de jeu pour le malvoyant que je suis devenu. Je déambule certes avec une canne mais ne ressemble pas vraiment à un handicapé. J'ai ce qu'on appelle un « handicap invisible ».

Un jour que je suis dans un Monoprix inconnu où je ne discerne pas grand-chose à cause d'un éclairage surexposé à base de LED, j'entends une voix de femme qui hurle : « À droite ! À droite ! » Je me décale promptement dans la direction qu'elle indique et me cogne contre un large mur un peu mou et flexible. J'entends alors un énorme fracas de plastique et de métal, et ressens une très forte odeur de lessive et d'adoucissant : avec mes plus de 110 kilos, je viens de foncer sans le voir dans le rayon « Produits d'entretien » du Monoprix du 12e arrondissement de Paris. Le liquide visqueux et odorant se répand progressivement sur le sol en carrelage ; il y en a des litres ! La femme avait juste dit *à sa fille* d'aller vers la droite, pas à moi. Je m'excuse platement auprès du chef de rayon, qui comprend le problème. Cette scène digne d'un film de Jacques Tati ou d'une BD humoristique valut toutefois une fermeture d'une demi-journée au magasin, privant ainsi tout un quartier de lessive et d'adoucissant durant plusieurs heures.

Si je vous raconte ça, chers lecteurs, c'est pour vous prouver que, même dans les situations les plus tragiques et les plus dramatiques, la vie, facétieuse et pleine de surprises, reprend toujours le dessus.

En ce sens, j'espère avoir réussi à vous faire passer ce message : nous avons en nous une telle pulsion de vie, une telle capacité d'adaptation et de conscience, que nous savons faire face à des situations qui nous paraissent insurmontables a priori. La mort et la maladie font partie de ces situations prétendument insurmontables, mais nous ignorons trop souvent les ressources que nous avons en nous pour les affronter. Ce sont des ressources naturelles, de l'ordre du biologique. Mais de ce naturel, de ce biologique, nous sommes coupés.

C'est le cas de la mort, en particulier. Et pourtant j'ai été capable de faire le deuil de moi-même comme s'il s'agissait d'une autre personne. En m'efforçant de conscientiser l'idée d'une mort consentie, d'une mort *vivante*, je me suis finalement construit un bouclier contre la peur.

Oh non! Je ne suis pas un héros doté de pouvoirs magiques. Je suis, comme vous, un être ordinaire qui craignait la mort et la maladie, et le basculement radical de sa vie dans un précipice d'angoisse, d'inconfort et de frustrations.

Oh que oui, j'ai été faible, apeuré, si vulnérable! J'ai tant pleuré, je me suis tant lamenté, tel un enfant capricieux. J'ai fui aussi comme une bête traquée, espéré comme un grand naïf qui, lâchement, voulait éviter la vraie confrontation avec la réalité : celle de la mort annoncée.

À travers mon histoire, j'ai compris pourquoi on parlait si souvent de la faiblesse des hommes. Mais des hommes, j'ai pu aussi expérimenter les immenses forces.

D'abord, je vous le répète, il y a cette force de vie qui nous vient de notre constitution biologique, et que nous partageons avec tous les êtres vivants, animaux ou végétaux. Tout est fait pour que cette puissance de vie puisse naître, renaître, se développer, s'épanouir; elle est comme un pouvoir magique. Et elle est aussi en vous, lecteurs! Si vous vous reconnectez à votre nature profonde, à votre ingénierie biologique et, plus largement, à la nature en général, vous n'aurez plus peur car vous saurez qu'en vous se trouvent les ressources essentielles à votre reconstruction et à votre résilience.

Ensuite, il y a votre conscience d'être humain. J'entends par là la conscience de celui ou celle qui connaît son sort, sa finitude. Je ne conteste pas que cet élément soit un profond générateur d'angoisse existentielle, mais j'atteste que cette conscience aiguë, que nous sommes les seuls êtres vivants à posséder sur cette Terre, est un moteur fondamental dans votre capacité de projection. J'ai ainsi pu faire de ma fin de vie un véritable projet alors même que celui-ci était voué à l'échec, ma maladie étant mortelle. Cette conscience vous permettra aussi d'affronter la vérité dans toute sa crudité.

Je peux vous garantir, chers lecteurs, que renouer avec nos fondamentaux existentiels et métaphysiques redonne une humilité telle qu'on se sent comme allégé face à la vie et à la mort, que tout est si soudainement ramené à son essence que cela en devient même agréable. Se détacher de son individu et de sa subjectivité, de sa vanité, nous permet réellement de partir en vacances de nous-mêmes. La mort nous dénude et nous reprojette dans le train de la vie.

Dans notre simple, notre modeste humanité.

Il est temps à présent pour moi, chers lecteurs, de vous laisser refermer ce livre. Je vous remercie de l'avoir lu jusqu'au bout.

Je vous souhaite de poursuivre votre vie en connaissant des choses aussi intenses et bouleversantes que celles que j'ai vécues. Puissiez-vous trouver votre propre chemin ; vous en avez, je l'affirme en toute confiance, l'immense ressource.

Dans quelques semaines, quelques mois peut-être, je ne serai plus parmi vous.

Il est courant, dans une existence humaine, d'avoir à dire adieu à ceux qui s'en vont, puis vient le jour où, cet adieu, c'est vous qui l'adressez à celles et ceux qui vous survivront.

Alors, cette heure étant venue pour moi, dans l'apaisement et dans la gratitude, je tire ici ma révérence. Et je m'en vais vous dire : *adieu.*

REMERCIEMENTS

Le générique de fin sera long tant les personnes qui m'ont aidé et soutenu sont nombreuses et précieuses. En premier lieu, bien sûr, il me faut remercier mon éditeur, le cherche midi, qui a pris le risque de lancer ce projet alors que le pronostic vital de son auteur était engagé, ce qui en dit long sur son humanisme et son désir profond de transformer la société contemporaine.

Je remercie avec une gratitude immense toute ma famille, qui m'a écouté, soutenu, sans jamais faire peser sur moi sa détresse ou sa peine. Papa, Maman, Sylvie, Nathalie, Arthur, Félix, Clément, Jeannette, Georges et Hélène, Pierre, Circé, Lucie. Merci du plus profond de mon cœur. Tout au long de ma courte vie, vous m'avez inspiré, toujours appuyé, et appris tant et tant de choses. Et puis, parce que vous êtes le sel de ma vie, je n'oublie pas non plus les rires sans fin et notre humour familial si particulier qui nous a tant soudés, et ce pour l'éternité. Je vous aime au plus profond de moi.

Je remercie avec une admiration sans bornes et une reconnaissance éternelle mon mari, Jacques. Il a mis littéralement sa vie entre parenthèses pendant presque deux ans pour moi. Il m'a donné un amour infini ; il m'a rassuré, consolé, porté, soutenu, nourri, soigné. Encouragé, donné la force de me battre et de finir ce livre qui était si important pour moi. Jacques, ce livre t'est dédié, mais cela est si peu par rapport à la moitié d'une vie passée à tes côtés, une vie d'exception et de miracle quotidien. Merci, l'amour de ma vie, pour tout ce que nous avons vécu ensemble. Je m'en veux de te laisser avec du chagrin, mais ta force et ton intelligence, et l'amour que tu suscites auprès des autres, vont te permettre de renaître, encore plus beau et plus fort que tu l'es.

Je me dois une fois encore de remercier toutes les équipes médicales qui se sont occupées de moi, et particulièrement les équipes de l'hôpital Lariboisière ainsi que celles de La Pitié-Salpêtrière, à Paris. Je remercie très particulièrement et avec énormément d'admiration les docteurs Clémence Lemoine et Mehdi Touat, Roland Landman et Vianney Mourman, ainsi que les professeurs Sébastien Froelich et Emmanuel Mandonnet. Je remercie aussi les docteures Baverez et Hahusseau pour leur soutien et leur validation des parties les plus médicales de ce livre. Je remercie enfin les médecins du cabinet médical de Saint-Félicien, en Ardèche, pour leur écoute et leur compréhension.

Je remercie infiniment Marion Villez, qui m'a offert quarante-quatre ans de dialogue ininterrompu. Tu es mon Mœbius, mon ADN commun, mon double. Merci pour ton soutien et tes relectures si consciencieuses, ainsi que pour ton apport d'expertise, notamment sur les lois en vigueur. Merci d'avoir partagé cette aventure avec moi, mais aussi pour l'aventure de nos deux vies croisées. Tu vas terriblement me manquer.

Je remercie aussi toutes les Anne de ma vie : Anne B., son mari et leur immense famille, qui se sont si bien occupés de moi, tout comme Anne A. et Anne T., toujours présentes, toujours serviables et bienveillantes. Je sais que vous allez veiller sur mon Jacques et cela m'apaise beaucoup.

Merci aux personnages fictifs qui ont bien voulu apparaître dans ce livre et dont tous les prénoms ont été changés bien qu'ils s'inspirent de personnages ayant réellement existé.

Merci à la Nature et à l'Ardèche, ses forêts, son ciel et sa montagne de m'avoir tant inspiré et apaisé.

Merci à la musique de m'avoir accompagné si longtemps, et d'avoir suscité en moi des émotions si puissantes qui m'ont permis de surmonter la difficulté.

Je ne t'oublie pas, Rushka, toi, la vigie de la maison, qui a appris deux nouveaux métiers pour m'aider : médiation animale et chienne guide d'aveugle.

Et puis je remercie la vie, et surtout ma tumeur, à qui je dois cette séquence condensée de vie qui, même si c'était la dernière, ne me laisse aucun regret ni aucune amertume.

Achevé d'imprimer par
Normandie Roto Impression s.a.s. à Lonrai
N° d’impression : 2300392

Imprimé en France